BREVETS D'INVENTION
ET CERTIFICATS DE GARANTIE
Aux expositions publiques

NOUVEAU GUIDE PRATIQUE DE L'INVENTEUR

OUVRAGE CONTENANT

1° L'EXPLICATION DÉTAILLÉE DE TOUTES LES FORMALITÉS A REMPLIR, D'APRÈS LES LOIS FRANÇAISES, LES CIRCULAIRES MINISTÉRIELLES COMPLÉMENTAIRES ET LA PRATIQUE ADMINISTRATIVE SUIVIE, AVEC LES MODIFICATIONS APPORTÉES PAR LA NOUVELLE CONVENTION INTERNATIONALE POUR LA PROTECTION DE LA PROPRIÉTÉ INDUSTRIELLE ET COMMERCIALE;
2° LA JURISPRUDENCE INTERPRÉTATIVE EN MATIÈRE DE NULLITÉ, DE DÉCHÉANCE ET DE CESSION DE BREVETS

PAR

Firmin LAHR

Commis principal au *bureau des brevets d'invention à la Préfecture de la Seine*

« Le premier devoir de l'homme indus-
« triel est de connaître la légalité qui règle
« et protège son industrie, parce que, à
« côté de ses droits, se trouvent placés ses
« devoirs; droits et devoirs de chaque
« jour, et dont la connaissance lui est
« aussi nécessaire que celle de l'équilibre
« pour se mouvoir sans danger. »

(BLANC, *Traité de la Contrefaçon* Introduction.)

PARIS
IMPRIMERIES RÉUNIES, ÉTABLISSEMENT D
RUE JEAN-JACQUES-ROUSSEAU, 58

1886

BREVETS D'INVENTION

ET CERTIFICATS DE GARANTIE

Aux expositions publiques

NOUVEAU GUIDE PRATIQUE

DE

L'INVENTEUR

OUVRAGE CONTENANT

1° L'EXPLICATION DÉTAILLÉE DE TOUTES LES FORMALITÉS A REMPLIR, D'APRÈS LES LOIS FRANÇAISES, LES CIRCULAIRES MINISTÉRIELLES COMPLÉMENTAIRES ET LA PRATIQUE ADMINISTRATIVE SUIVIE, AVEC LES MODIFICATIONS APPORTÉES PAR LA NOUVELLE CONVENTION INTERNATIONALE POUR LA PROTECTION DE LA PROPRIÉTÉ INDUSTRIELLE ET COMMERCIALE;
2° LA JURISPRUDENCE INTERPRÉTATIVE EN MATIÈRE DE NULLITÉ, DE DÉCHÉANCE ET DE CESSION DE BREVETS

PAR

Firmin LAHR

Commis principal au *bureau des brevets d'invention à la Préfecture de la Seine*

« Le premier devoir de l'homme indus-
« triel est de connaître la légalité qui règle
« et protège son industrie; parce que, à
« côté de ses droits, se trouvent placés ses
« devoirs; droits et devoirs de chaque
« jour, et dont la connaissance lui est
« aussi nécessaire que celle de l'équilibre
« pour se mouvoir sans danger. »

(BLANC, *Traité de la Contrefaçon* Introduction.)

PARIS

IMPRIMERIES RÉUNIES, ÉTABLISSEMENT D

RUE JEAN-JACQUES-ROUSSEAU, 58

1886

AVANT-PROPOS

Aux termes de l'article 50 de la loi du 5 juillet 1844 sur les brevets d'invention, des ordonnances portant règlement d'administration publique devaient arrêter les dispositions nécessaires pour l'exécution de cette loi; mais ces prescriptions, il faut bien le reconnaître, n'ont pas été strictement observées jusqu'à présent et le règlement d'administration publique qui devait intervenir reste toujours à faire.

Plusieurs circulaires ministérielles adressées aux préfets, ont, il est vrai, suppléé jusqu'à un certain point à ce défaut de réglementation, en comblant les lacunes qu'une longue pratique de la loi avait pu y faire découvrir ou en interprétant le sens douteux de certaines de ses dispositions. Néanmoins, bien des points seraient encore à fixer dans la procédure administrative.

Ces circulaires, dont l'ensemble constitue aujourd'hui le seul règlement existant sur l'application de la loi, sont généralement ignorées du public des inventeurs; faire connaître leurs dispositions, en les rapprochant du texte dont elles sont le commentaire, tel est le but principal que nous nous sommes proposé dans cet ouvrage. Nous y avons ajouté les renseignements spéciaux à de nombreux cas particuliers que nous avons vus se produire dans la pratique administrative.

Ce n'est pas un nouveau traité sur les brevets d'invention que nous venons offrir au public, (nous renvoyons pour cela à la liste publiée ci-après, des principaux ouvrages parus sur la matière) mais un simple recueil de renseignements pratiques à l'usage des inventeurs et destiné à leur faciliter, dans la plus large mesure possible, l'accomplissement des diverses formalités qu'ils ont à remplir. Ils y trouveront, outre les instructions ministérielles, tous les documents parus jusqu'à ce jour (lois, conventions internationales, décrets, arrêtés ou décisions) relatifs aux brevets d'invention et aux certificats de garantie aux expositions publiques autorisées par l'administration.

Toutefois, notre travail eût été incomplet, si nous l'avions limité à l'interprétation administrative, sans y réserver une certaine place à la jurisprudence.

Il résulte, en effet, du principe de « non examen préalable », base fondamentale de la loi, que le breveté est rendu responsable de toutes ses erreurs « les brevets étant délivrés, aux termes de l'arti- « cle 11, sans examen préalable, aux risques et périls « des demandeurs et sans garantie, soit de la réalité, « de la nouveauté ou du mérite de l'invention, soit « de la fidélité ou de l'exactitude de la descrip- « tion ». L'inventeur ne peut dès lors se reposer que sur lui-même du soin de se garantir. « Si la « découverte n'est pas nouvelle, si l'objet n'est pas « licite, si la description est inexacte, incomplète « ou infidèle, en un mot, si la demande renferme « des causes de nullité ou de déchéance, l'admi- « nistration qui ne fait que donner acte au breveté « de ses propres déclarations, lui laisse le soin de « les défendre et n'en accepte pas la solidarité » ; ainsi s'exprimait le rapporteur de la loi pour dé- montrer la séparation ainsi établie, dans l'applica- tion, du pouvoir administratif et du pouvoir judi- ciaire, « pouvoirs qui, ajoutait-il, restent par là « indépendants et libres chacun dans sa sphère. »

C'est donc pour éclairer le breveté sur la nature et l'étendue de cette responsabilité encourue par lui que nous avons cru devoir reproduire les prin- cipales décisions rendues par les tribunaux en ma- tière de nullité, de déchéance et de cession de bre- vets.

Nous ferons remarquer cependant que ce n'est

qu'à titre d'explication et d'exemple que nous citons ces décisions; elles sont loin de constituer une règle absolue, la jurisprudence sur les brevets étant très variable, suivant les cas, et sujette à revirement.

Nous adressons ici tous nos remerciements à M. Adrien Huard qui a bien voulu mettre si généreusement à notre disposition pour ce dernier travail, son répertoire de législation et de jurisprudence en la matière.

Paris, juillet 1885.

FIRMIN LAHR.

LISTE DES PRINCIPAUX OUVRAGES

PARUS

SUR LES BREVETS D'INVENTION

ALLART. — *Des Brevets d'invention* (Thèse pour le doctorat). 1877, une brochure in-8.

BÉDARRIDE. — *Commentaires des Lois sur les Brevets d'invention.* 1868, 3 vol. in-8.

BLANC (ÉTIENNE). — *L'Inventeur breveté.* 3e édition, 1852, in-8. — *Traité de la Contrefaçon.* 4e édition, 1855, in-8.

CALMELS. — *De la Propriété et de la Contrefaçon des œuvres de l'intelligence.* 1856, in-8.

DALLOZ. — *Jurisprudence générale.* Vo *Brevets d'invention.*

DUVERGIER. — *Collection des Lois,* année 1844.

GOUGET ET MERGER. — *Dictionnaire de Droit commercial.* Vo *Contrefaçon.*

HUARD (ADRIEN). — *Répertoire de Législation, de Doctrine et de Jurisprudence en matière de Brevets d'invention.* 1863, gr. in-18.

LE SENNE. — *Brevets d'invention et Droits d'auteur.* 2e édition. 1849, in-8.

LOISEAU ET **VERGÉ**. — *Loi sur les Brevets d'invention*. 1845, in-18.

MALAPERT ET **FORNI**. — *Nouveau Commentaire des Lois sur les Brevets d'invention*. 1879, in-8.

NOUGUIER. — *Des Brevets d'invention et de la Contrefaçon*. 2e édition. 1858, in-8.

PATAILLE. — *Annales de la Propriété industrielle*. 1855-1879, 23 volumes in-8.

PELLETIER ET **DEFERT**. — *Procédure en matière de Contrefaçon*. 1879, in-12.

PICARD ET **OLIN-PICOT**. — *Traité des Brevets d'invention et de la Contrefaçon industrielle*. Bruxelles, 1869, in-8.

— *Propriété industrielle* (La). — NOTA. Ce journal, fondé par M. ÉTIENNE BLANC, a paru de 1857 à 1866.

POUILLET (EUGÈNE). — *Traité théorique et pratique des Brevets d'invention et de la Contrefaçon*. 2e édition, mise au courant de la jurisprudence, 1879, in-8.

RENDU ET **DELORME**. — *Traité pratique du Droit industriel*. 1855, in-8.

RENDU (AMBROISE). — *L'Exposition de* 1878 *et les Inventeurs*. Une brochure in-12.

— *Codes de la Propriété industrielle*. Tome Ier, 1879, in-12.

RENOUARD. — *Traité des Brevets d'invention, de perfectionnement et d'importation*. 3e édition, 1865, in-8.

RUBEN DE COUDER. — *Dictionnaire de Droit commercial*. Vo *Brevets d'invention*. 1878, in-8.

SCHMOLL. — *Traité pratique des Brevets d'invention, dessins*, etc. 1867, in-8.

LOI DU 5 JUILLET 1844

SUR LES

BREVETS D'INVENTION

ET

LOI MODIFICATIVE DU 31 MAI 1856

(Voir page 11 pour les formalités de dépôt de demandes de brevets.)

TITRE Ier

DISPOSITIONS GÉNÉRALES

ARTICLE PREMIER.

Toute nouvelle découverte ou invention dans tons les genres d'industrie confère à son auteur, sous les conditions et pour le temps déterminé, le droit exclusif d'exploiter à son profit ladite découverte ou invention.

Ce droit est constaté par des titres délivrés par le gouvernement sous le nom de *Brevets d'invention* (1).

---

(1) Voir aussi : 1° *l'art.* 11 *et la note relatifs au « non examen préalable » et à la « non garantie » ; 2° l'art.* 33

prescrivant, sous peine d'amende, l'adjonction à la qualité de « breveté » de la mention « sans garantie du gouvernement. »

Aucun dépôt effectué, soit au tribunal de commerce, soit au greffe du conseil de prud'hommes, soit au secrétariat d'une société savante ou dans l'étude d'un notaire ne saurait protéger *légalement* une invention. C'est le dépôt seul au secrétariat général de la préfecture, prescrit par l'article 5 (*voir plus loin*), qui peut établir l'antériorité de la demande. L'inventeur n'a donc pas d'autre moyen de s'assurer la protection de la loi. Le procès-verbal de dépôt à la préfecture est, comme on l'a très bien dit, l'acte de naissance de l'invention.

Le simple dépôt au tribunal de commerce ne garantit pas l'objet en lui-même mais la forme seulement de cet objet (*voir ci-dessous Jurisprudence, n°* 4), « dépôt au tribunal de commerce ou au conseil de prud'hommes »; voir aussi à l'art. 31 (*Jurisprudence, n.* 28).

JURISPRUDENCE

Associé. — Il a été jugé notamment : 1° Qu'un brevet d'invention est la propriété exclusive de l'inventeur, alors même que ce dernier est *associé* dans une entreprise à laquelle il doit tout son temps et tout son travail, si ce brevet a un objet autre que celui de cette entreprise — [18 juin 1856, C. de Lyon, aff. Verdier c. Neyraud (*Gaz. des Trib.*, 2 nov.)].

Militaire. — 2° Qu'un *militaire* a le droit de se faire breveter pour les inventions dont il est personnellement l'auteur, mais il ne peut l'être pour celles qui sont le fruit d'un travail en commun, par exemple pour une invention due à une commission dont il faisait partie. — [12 juill. 1855, C. de Paris, aff. Manceaux c. Marès (*Gaz. des Trib.*, 13 juill.)].

Fonctionnaire public. — 3° Qu'un *fonctionnaire public* ne peut prendre un brevet d'invention pour des objets qui ressortent directement de ses fonctions. —

[25 avr. 1856, C. d'Amiens, aff. Manceaux c. Marès (*le Droit*, 30 avr.)].

Dépôt au tribunal de commerce. — 4° Que rien ne peut suppléer à la prise d'un brevet. C'est en vain que l'inventeur dépose des modèles de son invention et leur description au greffe du tribunal de commerce ou au conseil des prud'hommes. Ce *dépôt*, ne peut protéger les inventions susceptibles d'être brevetées; il n'est utile que pour réserver la propriété des dessins de fabrique. — [1er mars 1845, C. de Paris, aff. Fétizon c. Delachaussée; 4 févr. 1847, Trib. civ. de la Seine, aff. Mulot c. Schirodan (*le Droit*, 1847, n. 228); 15 févr. 1854, C. de Paris, aff. Thirion c. Bonneau-Desroches (*Rép. de jurisp., Huard*]. — 5° Que le dépôt d'une machine au tribunal de commerce est insuffisant pour réserver la propriété à l'inventeur — [21 déc. 1859, C. d'Amiens, aff. Fleury et Lefort, c. Bordier (*la Propr. industr.*, n° 113)].

Copropriétaire. — 6° Que chacun des copropriétaires d'un brevet peut user comme il l'entend du droit d'exploiter l'invention commune. — [4 déc. 1845, C. de Paris, aff. Pellerin c. Brown (*Gaz. des Trib.*, 7 déc.)].

Possession antérieure. — 7° Que la loi de 1844, en conférant par son article 1er et sous les conditions qu'elle établit, à l'auteur de toute nouvelle découverte ou invention, le droit exclusif de l'exploiter à son profit, n'a point entendu porter atteinte aux droits acquis à des tiers par une *possession antérieure*. Le brevet est donc valable contre tous, excepté contre celui qui, ayant le premier possédé le procédé, doit être maintenu dans sa possession. — [30 mars 1849, C. de cass., aff. Witz-Meunier c. Godefroy-Muller (*Rép. de jurisp., Huard*)].

Divulgation. — 8° Il a été jugé contrairement que le brevet peut être invoqué contre celui-là même qui possédait l'invention avant qu'elle fût brevetée, s'il ne l'a pas *divulguée* avant le brevet et si le breveté est le pre-

ART. 2.

Seront considérées comme inventions ou découvertes nouvelles :

L'invention de nouveaux produits industriels (1);

L'invention de nouveaux moyens ou l'application

---

mier qui l'ait introduite dans le commerce. — [21 mai 1847, C. de Paris, aff. Lejeune c. Parvilley (*le Droit*, 1847, 548); 19 août 1853, C. de cass.; aff. Thomas Laurens c. Riant (*Rép. de jurisp., Huard*)].

Époux. — Valeur mobilière. — Contrat de mariage. — 9° Que le brevet étant une *valeur mobilière*, si *l'époux* à qui appartient l'invention n'a rien stipulé de contraire dans ses *conventions matrimoniales*, le brevet fera partie de l'actif de la communauté, soit qu'il l'ait pris avant le mariage, soit qu'il l'ait pris seulement depuis. — [1er mars 1853, trib. civ. de la Seine; aff. Baudry c. Baudry (*Rép. de jurisp., Huard*)].

(1) « Les brevets qui seraient délivrés pour des principes, méthodes, systèmes, découvertes ou conceptions théoriques ou scientifiques sans application industrielle, *seraient nuls de plein droit.* — Le gouvernement n'a pas le droit de refuser ces brevets et doit, dès lors, borner son action à un avertissement officieux » (*Circulaire ministérielle du* 1er *oct.* 1844) — Voir aussi l'art. 30, § 1.

JURISPRUDENCE

Invention de nouveaux produits industriels. — Il a été jugé notamment : que la *nouveauté* du *produit* suffit pour valider un brevet, bien que le *procédé* décrit fût *connu* [16 déc. 1857, trib. civ. de la Seine, aff. Cottin-Laurier, c. Allaire (*la Propr. industr.*, n° 2)].

nouvelle de moyens connus, pour l'obtention d'un résultat ou d'un produit industriel (1).

---

(1) (*Voir aussi la note qui précède ainsi que l'art.* 30, § 3.)

JURISPRUDENCE

Application nouvelle de moyens connus.— Il a été jugé notamment : 1° Qu'il suffit, pour qu'un procédé soit brevetable, qu'il n'ait pas encore été mis en usage et qu'il conduise à un *résultat industriel* : peu importe la nature des moyens employés s'il y a *nouveauté* dans *l'application* [28 janv. 1860, C. de Paris, aff. de Bergues c. les Compagnies d'Orléans, de Lyon et de l'Ouest (*la Propr. industr.*, n° 115)]. — 2° Que la découverte des propriétés jusqu'alors ignorées d'un objet connu constitue une invention si ces propriétés sont appliquées à un usage industriel [11 fév. 1854, trib. de Valence, aff. David c. Lafont (*Rép. de Jurispr. Huard*)].

Réunion, combinaison, agencements. — 3° Que dans le mot *application*, on comprend toute *réunion* ou *combinaison* nouvelles d'éléments connus, mais qui n'avaient été employés qu'isolément [31 mars 1846, C. de Douai, aff. Depouilly c. Descat-Crouzet ; 20 janv 1847, C. de Paris, aff. Jourdan c. Colombe-Laleu ; 17 janv. 1852, C. de cass., aff. Crespel de Lisle c. Rohlfs-Sayrig ; 12 fév. 1854, C. de cass., aff. Villard c. Crepeau ; 10 mars 1854, C. de Paris, D[lle] Hurée c. Guillard, etc., etc. (*Rép. de Jurispr. Huard*)]. — 4° Est brevetable la *réunion* nouvelle de moyens connus [14 fév. 1856, C. de Paris, aff. Fontaine c. Berger Walter ; 1er mars 1860, C. de Rouen, aff. Popelin-Ducarre c. Barre et Coudert (*la Propr. industr.*, n° 116)]. — 5° Que celui qui emprunte au domaine public les idées premières et les organes principaux de ses appareils, et qui réunit et met en œuvre ces éléments épars, au moyen de *combinaisons* et d'*agencements* qui lui sont propres, réalise une application nouvelle et par conséquent brevetable de moyens connus [11 janv. 1859, C. de Paris, aff. Cie du Nord c. de Coster (*la Propr. industr.*, nos 36 et 58)]. — 6° Est susceptible d'être brevetée une combinaison de moyens qui peuvent, chacun séparément, n'être pas nouveaux, mais dont l'*ensemble* et l'*agencement* constituent un perfectionnement [15 juin 1861, C. d'app. de Bruxelles, aff. Godefroy c. Deviser (*la Propr. industr.*, n° 217)]. — 7° Est brevetable le mécanisme composé d'organes connus, mais dont l'*ensemble* constitue par l'*agencement* et la disposition particulière de ces organes, une combinaison mécanique nouvelle produisant un résultat industriel [18 juill. 1856, C. de Paris, aff. Perrin c. Souverain (l'*Invention*); 31 déc. 1856, C. de Lyon, aff. Gache c. Gérin; 2 juill. 1859, C. d'Amiens, aff. Périnaud, c. Terrasse (*la Propr. industr.*, n° 82)]. — 8° Qu'une invention est brevetable, bien que chacun des procédés qui la constituent, pris isolément, puisse être considéré comme tombé dans le domaine public, si l'inventeur a le premier découvert et combiné l'*ensemble* de ces procédés, la série des opérations qui constituent le mode de fabrication et l'ordre dans lequel ces opérations se succèdent [2 déc. 1859, C. de cass., aff. Popelin - Ducarre c. Bard et Coudert (*la Propr. industr.*, n° 106)]. — 9° Que des procédés industriels, qui, isolément, manquent de nouveauté, peuvent, par l'*ordre* dans lequel ils sont employés et par l'*importance* des résultats obtenus constituer l'*application nouvelle* de moyens connus [21 avril 1858, trib. corr. de la Seine, aff. Royer et Roux c. Buer (*la Propr. industr.*, n° 43)]. — 10° Qu'un principe tombé dans le domaine public, et par conséquent non brevetable, peut, par son *application* à un agent qui le fait fonctionner et le rend utile, constituer un autre principe brevetable, s'il présente une *combinaison nouvelle* [7 févr. 1862, C. de Paris, aff. Dumery c. Vuitton (*la Propr. industr.*, n° 236)].

Résultat industriel. — 11° Est brevetable l'invention qui se compose d'éléments déjà connus, mais qui n'avaient pas encore été combinés ni réunis, et qui, par cette réunion, arrive à un *résultat industriel* [26 mai 1855, C. de Paris, aff. Ozonf c. Poinsot; 1er déc. 1855, rejet, même aff. (*le Droit*, 2 déc. 1855)]. — 12° Est brevetable l'emploi d'une substance déjà connue mais utilisée dans un but nouveau : par exemple le ciment chimique est brevetable, en tant qu'employé au plombage des dents, bien qu'il ait été déjà employé comme remède pour guérir la carie des dents [6 mai 1857, C. de Paris, aff. Sorel c. Billard et Gion (*l'Invention*)]. — 13° Est brevetable l'emploi de moyens connus, tant dans leurs détails que dans leur ensemble, mais qui n'avaient pas encore été employés en vue du même *résultat industriel* [20 déc. 1856, C. de Paris, aff. Maccand c. Nicolle (*le Droit*)].

Application à des objets semblables. — 14° Que bien que l'application nouvelle de moyens déjà connus à un produit industriel constitue une invention brevetable, il faut, pour que l'application de moyens connus soit considérée comme nouvelle, qu'elle porte sur des *objets essentiellement différents* de ceux pour lesquels les mêmes procédés avaient été jusqu'alors employés, et non sur des objets de même nature semblables ou analogues.—[11 avr. 1855, trib. corr. de la Seine, aff. Gourdin c. Moos (*Rép. de jurispr., Huard*)]. — 15° Que l'application nouvelle de moyens connus constitue une invention brevetable, mais il n'y a, dans le sens légal du mot, une application nouvelle qu'autant qu'elle est faite pour un objet qui diffère essentiellement de ceux auxquels le procédé avait été antérieurement appliqué, et non lorsqu'il s'agit d'objets semblables et analogues.— [22 mai 1857, trib. de la Seine, Dme Marga c. Geoffroy (*Rép. de jurispr., Huard*)]. — 16° Que l'application de moyens connus n'est brevetable qu'autant que le résultat atteint diffère de celui obtenu par l'emploi primitif des mêmes moyens. —[9 juil. 1859, trib. civ. de Lyon, aff. Lobry c. Vignet et Barbier (*la Propr. industr.*, n. 88)]. — 17° Que la loi de 1884 protège les applications nouvelles mais non les emplois nouveaux; ainsi l'emploi de la vis pour les pieds de pianos, ne peut pas être valablement breveté, lorsque cet emploi pour le pied des tabourets de piano et pour les pieds de billard appartient au domaine public. — [7 déc. 1858, trib. corr. de la Seine, aff. Ostermann c. Westermann (*la Propr. industr.*, n. 58)]. — 18° Qu'en principe, un perfectionnement n'est brevetable qu'à la condition de supposer une idée nouvelle. — [22 mars 1862, C. de Paris, App. corr., aff. Hayem c. Frossart (*la Propr. industr.*, n. 225)].

Changements de formes, de dimensions. — 19° que de simples changements de *formes* et de *proportions* adoptés pour la réalisation d'un principe qui appartient au domaine public, ue peuvent constituer une invention brevetable s'ils ne sont pas de nature à produire des effets nouveaux. — [27 août 1861, trib. corr. de la Seine, aff. Baudit c. Magnier (*la Propr. industr.*, n. 200)]. — 20° Que des *changements* de *formes* et de *fonctions* qui ne produisent pas, en réalité, de résultats nouveaux, ne sont pas de nature a être brevetés. — [22 nov. 1859, C. de Paris, aff. Bienbar et Simon c. Brisse (*la Propr. industr.*, n. 104)].

Substitution d'une matière à une autre. — 21° Que la simple *substitution d'une matière* à une autre, alors qu'il n'y a rien de nouveau soit dans la forme, soit dans le mode de fabrication, ne saurait constituer une invention. — [16 août 1860, trib. civ. de Lyon, aff. Buisson c. Guillot (*la Propr. industr.*, n. 150)].

Industries semblables, analogues, différentes. — 22° Est brevetable l'application nouvelle de moyens connus, dans l'industrie des métaux, à un métal qui n'avait pas encore été soumis a ces moyens. — [26 juil. 1855, rej., aff. Letrange-David c. d'Arlincourt (*Gaz. des Trib.*, 29 juill.)]. — 23° Si un moyen est transporté d'une industrie dans une *industrie analogue*, il peut encore être breveté, s'il donne des résultats nouveaux. — [31 mars 1855, C. de Paris, aff. d'Arlincourt c. Létrange, David et Cie

(*Rép de jurisprud., Huard*)]. — 24° Est brevetable l'application à une industrie nouvelle de moyens connus, à l'effet d'obtenir un résultat industriel. — [23 nov. 1860, C. de Paris, aff. Mangin et Prevost c. Macé (*la Propr. industr.*, n. 119)]. — 25° Est brevetable l'invention qui consiste à transporter à une industrie, un procédé employé dans une autre, lorsque le résultat obtenu à l'aide de ce procédé est nouveau. — [13 janv. 1855, C. de Paris, aff. Dupont c. Sentis (*Rép. de jurisprud., Huard*)].

Supériorité de fabrication. — 26° N'est pas brevetable une application *améliorée* d'un moyen connu, lorsque le résultat de cette application n'est pas autre que par le passé.—[26 nov. 1861, trib. corr. de la Seine, aff. Salomon c. Huby (*la Propr. industr.*, n. 207)]. — 27° Que de *simples perfectionnements* apportés à un produit tombé dans le domaine public ne peuvent faire l'objet d'un brevet d'invention. — [24 avril 1858, trib. civ. de la Seine, aff. Fabins c. Leduc (*la Propr. industr.*, n. 31)]. — 28° Il n'y a pas d'application nouvelle de moyens connus, lorsque le breveté se borne, dans la *même industrie*, à employer avec plus d'intelligence les procédés déjà usités. — [20 mars 1854, C. de cass., aff. Falguières c. Auzet (*le Droit*, 1854, n. 68)].

Appréciation des inventions. — 29° Que la loi du 5 juill. 1844, qui fixe les conditions auxquelles est attaché le caractère d'invention ou de découverte nouvelle, distingue entre le produit, qui est la chose livrée à la consommation, et le résultat, qui est la somme des avantages que peut donner un certain mode de fabrication. Que l'art. 2 de cette loi, qui considère comme invention ou découverte nouvelle la création de nouveaux produits industriels, n'attribue aux résultats industriels le caractère de l'invention qu'à raison seulement de la nouveauté des moyens employés ou de l'application nouvelle des moyens connus pour obtenir ces résultats; qu'en couséquence, pour prononcer sur

ART. 3.

Ne sont pas susceptibles d'être brevetés :

1° Les compositions pharmaceutiques ou remèdes de toute espèce, lesdits objets demeurant soumis aux lois et règlements spéciaux sur la matière, et notamment au décret du 18 août 1810, relatifs aux remèdes secrets;

2° Les plans et combinaisons de crédit ou de finances (1);

ART. 4.

La durée des brevets sera de cinq, dix ou quinze années (2). Chaque brevet donnera lieu au paiement d'une taxe, qui est fixée ainsi qu'il suit :

500 francs pour un brevet de cinq ans;
1,000 francs pour un brevet de dix ans;
1,500 francs pour un brevet de quinze ans.

---

le droit du breveté, relativement aux résultats, les tribunaux doivent examiner ces résultats simultanément avec les moyens employés. — [18 mai 1848, C. de cass., aff. Parizot c. Pauwels (*Rép. de jurisp., Huard*)].

(1) « Ces dispositions restrictives appartiennent au « régime préventif et l'exécution en est confiée au gou- « vernement. — La loi n'a attribué qu'au ministre du « commerce et non aux préfectures le droit de refus du « brevet ». (*Circulaire ministérielle du* 1er *oct.* 1844.) *Voir aussi le* § 2 *de l'art.* 30 *ainsi que l'art.* 13 *et la note relatifs au remboursement de la totalité de la taxe en pareil cas*)].

(2) Conformément à l'art 8, la durée du brevet court du jour du dépôt de la demande à la préfecture prescrit par l'art. 5. Cette durée ne peut être prolongée que par une loi d'après l'art. 15. (*Voir aussi les articles* 6 *et* 29).

Cette taxe sera payée par annuités de 100 francs, sous peine de déchéance si le breveté laisse écouler un terme sans l'acquitter (1).

TITRE II

DES FORMALITÉS RELATIVES A LA DÉLIVRANCE DES BREVETS

SECTION Ire

DES DEMANDES DE BREVETS

Art. 5.

Quiconque (2) voudra prendre un brevet d'inven-

---

(1) C'est-à-dire si le breveté n'a pas acquitté la taxe de l'annuité due par lui avant le commencement de chacune des années de la durée de son brevet. (Voir aussi le § 1 de l'art. 32 et la note relatifs à la déchéance encourue en pareil cas. Voir, en outre (page 95), le chapitre spécial relatif au paiement des annuités de brevets et aux formalités de versement de ces taxes).

(2) L'administration n'a à s'enquérir ni de la qualité ni de la capacité de celui qui demande un brevet, les brevets étant délivrés, aux termes de l'article 11, (voir plus loin) « aux risques et périls de ceux qui les demandent ». Elle ne saurait se constituer juge des actions ou des contestations relatives aux brevets; ces actions et contestations doivent être portées devant les tribunaux civils de première instance, conformément à l'article 34 (voir page 82). — Quiconque, d'après la loi, peut donc prendre un brevet, même les incapables (*faillis, mineurs, interdits, femmes mariées, morts civilement*), sauf recours des droits des tiers.

Le brevet peut être pris par plusieurs personnes collectivement ou par une société.

tion devra déposer (1) sous cachet (2), au secrétariat de la préfecture, dans le département où il est domicilié, ou dans tout autre département, en y élisant domicile (3) :

1° Sa demande au ministre du commerce;

---

(1) Ce dépot devra être effectué avant 4 heures à la préfecture de la Seine. (Voir la note de l'art. 1er relative à la différence au point de vue de la protection légale de l'invention entre les autres dépôts et le dépôt au secrétariat général de la préfecture).

(2) « Les demandes de brevets doivent être déposées *cachetées* pour n'être ouvertes qu'au ministère du commerce. » (*Circulaire ministérielle du* 1er *octobre* 1844).

Par dépôt sous cachet, on a voulu entendre *le dépôt sous enveloppe fermée*, soit au cachet à la cire, soit à la gomme, de telle façon que les pièces renfermées sous le pli ne puissent s'égarer ni rester exposées aux regards. (*Voir, pour le secret du dépôt, la note suivante,* § 2, *et la note page* 25.)

(3) « L'élection de domicile a de l'importance pour « les notifications éventuelles prévues par la loi dans le cas d'instance en nullité absolue de brevet (*Circuculaire ministérielle du* 1er *octobre* 1844). — Si, dans l'intervalle du dépôt de la demande et de la délivrance des titres, le déposant venait à changer de domicile, il devrait en informer immédiatiatement par lettre le ministère du commerce. — « Le public est invité, préala- « blement au dépôt des pièces : 1° A prendre connais- « sance de l'affiche apposée à la porte du bureau des « brevets d'invention à la préfecture de la Seine et de « l'instruction détaillée remise par l'administration « aux personnes qui la demandent. 2° A remplir les « formalités qu'il aurait omises, spécialement, à dési- « gner sur les pièces même, l'*original* et le *duplicata* « de chaque description et de chaque dessin, de ma-

2° Une description de la découverte, invention ou application faisant l'objet du brevet demandé (1) (*ainsi que le duplicata de ladite description*) (2).

« nière à éviter les irrégularités qui se produisent as-« sez fréquemment.—Beaucoup de demandeurs déposent « des pièces sur lesquelles ils n'ont pas fait connaître « quelle est l'*expédition originale* et quel est le *dupli-« cata*, de sorte que, s'il existe une différence quel-« conque, on ne peut, suivant les termes de la loi du 5 « juillet 1844, établir la conformité du *duplicata* avec « l'*expédition originale*, ce qui entraîne le rejet de la « demande....

« Il doit être produit un duplicata collationné avec « soin et exactement conforme au *primata*, tant de la des-« cription que des dessins ou échantillons y annexés. — « L'administration ne doit recevoir les demandes que sous « paquet cacheté et il lui est interdit d'ouvrir le paquet, « *même sur la demande des déposants*, pour y faire des « additions ou corrections. » (*Circulaires ministérielles des* 1er *octobre* 1844, 23 *juin* 1863 *et* 7 *février* 1872).

JURISPRUDENCE

Élection de domicile. — Il a été jugé notamment qu'on ne doit pas considérer comme attributive de juridiction l'*élection de domicile* faite dans la demande du brevet. Que cette élection n'est exigée que pour faciliter les rapports de l'administration avec le breveté, et n'a pas d'autre but [6 mars 1849, trib. civ. de la Seine, aff. Lefèvre c. Hermann-Villard (*Le Droit*, 1849, 361)].

(1) L'un des deux exemplaires de la description devra porter en tête le mot *original*. La production de la description constitue une formalité obligatoire dont l'inaccomplissement entraîne le rejet de la demande (art. 12). (*Voir l'article suivant et les notes*).

(2) Le second exemplaire de la description devra porter en tête le mot *duplicata*.

La production en double exemplaire de la description

3° Les dessins ou échantillons qui seraient nécessaires pour l'intelligence de la description (1) (*ainsi que le duplicata desdits dessins ou échantillons* (2).

Et 4° un bordereau des pièces déposées (3).

ART. 6.

La demande sera limitée à un seul objet principal, avec les objets de détail qui le constituent et les applications qui auront été indiquées (4).

Elle mentionnera la durée que les demandeurs entendent assigner à leur brevet dans les limites fixées par l'art. 4 (5, 10 ou 15 ans), et ne contiendra ni restrictions, ni conditions, ni réserves (5).

---

constitue également une formalité obligatoire dont l'inaccomplissement entraîne le rejet de la demande (*art.* 12 *de la loi*). (*Voir l'art. suivant et les notes*).

(1) L'un des dessins ou échantillons devra porter le mot *original*. (*Voir l'art. suivant et les notes*).

(2) L'autre exemplaire des dessins ou échantillons devra porter également le mot *duplicata*. La production en double exemplaire des dessins constitue aussi une formalité obligatoire dont l'inaccomplissement entraîne le rejet de la demande (*art.* 12). Les échantillons peuvent être produits en simple exemplaire (*Voir l'art. suiv.*, page 17, note 2, § 3).

(3) Le bordereau consiste dans l'énumération des pièces renfermées sous le pli cacheté. Toutes ces pièces devront être établies sur autant de feuilles séparées et renfermées dans une seule et même enveloppe à l'adresse du ministre du commerce.

(4) Elle pourra être faite sur papier libre (*Voir ci-après les autres prescriptions relatives à la demande.*

(5) « La demande doit déterminer la durée (5, 10 ou

« 15 ans) que l'inventeur entend assigner à son brevet» (*Circulaire ministérielle du* 1er *oct.* 1844). La durée une fois demandée pour 5 ou 10 ans ne pourra être prolongée ensuite jusqu'à la limite maxima de 15 ans fixée par l'art. 4. « Si l'invention qui fait l'objet du brevet « demandé a été déjà brevetée dans un pays étranger, « le demandeur doit signaler ce fait dans sa demande « au ministre, et indiquer, par une date précise, le « terme de la durée du brevet étranger; en outre, il « doit déclarer quel est, dans la limite de cette durée, « le nombre d'années qu'il entend assigner au brevet à « lui délivrer, et l'inventeur étranger ou français qui « prend ainsi un brevet pour sa découverte brevetée en « pays étranger ne doit pas oublier que la loi française « ne répute pas nouvelle toute découverte, invention « ou application qui, en France ou ailleurs, a reçu, an- « térieurement à la date du dépôt de la demande, une « publicité suffisante pour être exécutée (*Voir l'art.* 31, *voir aussi l'art.* 29 *et la note relative au droit de priorité réservé à toute personne brevetée dans un des états de l'Union internationale pour prendre le même brevet dans un autre de ces états, conformément à l'art.* 4 *de ladite convention* (page 123), *voir également l'art.* 3 *de cette convention. Voir enfin l'art.* 15 *de la loi relatif à la prolongation de la durée des brevets*).

« La requête ne peut contenir aucunes conditions, « restrictions ou réserves, comme seraient l'invitation « de tenir la description secrète, de ne pas délivrer le « brevet avant un délai déterminé, la réserve d'en porter « ultérieurement la durée à dix ou 15 années, etc., etc. » (*Circulaire ministérielle du* 1er oct. 1844).

JURISPRUDENCE

Il a été jugé notamment; 1° Que lorsque le brevet a été délivré pour une *durée* de quinze années, alors que l'inventeur ne l'avait demandée que pour cinq ans, c'est la durée fixée au brevet qui doit prévaloir [12 mai 1860, trib. civ. de la Seine, aff. Guérineau-Aubry c. Dupuis

Elle indiquera un titre renfermant la désignation sommaire et précise de l'objet de l'invention (1).

La description ne pourra être écrite en langue étrangère; elle devra être sans altération ni surcharges. Les mots rayés comme nuls seront comptés et constatés, les pages et les renvois paraphés. Elle ne devra contenir aucune dénomination de poids ou de mesures autre que celles qui

---

(*La Propr. industr.*, n° 145)]. — 2° Mais il a été jugé sur l'appel que, lorsqu'un inventeur a demandé un brevet pour cinq ans, et que le ministre le lui accorde pour 15 ans *l'autorité administrative* est seule compétente pour décider quelle est la véritable durée du brevet [17 mars 1862, C. de Paris; aff. Guérineau-Aubry c. Peyronnet et autres (*La Propr. industr.*, n° 223)]. — 3° Qu'une lettre du ministre déclarant qu'à son avis le brevet demandé pour cinq ans et accordé pour quinze ans a été valablement délivré parce que l'inventeur avait déclaré, dans le procès-verbal de dépôt, qu'il entendait rectifier sa demande et vouloir un brevet de quinze ans, ne saurait équivaloir à une décision définitive de la question, quelle que soit la valeur de cette lettre au point de vue consultatif [5 juin 1862, C. de Paris; aff. Guérineau-Aubry c. Tailbouis (*La Prop. industr.*, n° 238)]. — 4° Que le mandat donné à un agent qui se charge spécialement de la prise des brevets à l'étranger, comporte une surveillance particulière qui le rend responsable des erreurs commises dans le nom de l'inventeur [2 août 1859, trib. civ. de la Seine; aff. Jardin c. Fontaine-Moreau (*La Propr. industr.*, n. 99).]

(1) « On ne perdra pas de vue que toute indication « mensongère qui tendrait à dissimuler le véritable « objet de l'invention serait une cause de nullité du « brevet (art. 30, § 5), (*circulaire du* 1er *octobre* 1844), « (*voir aussi l'art.* 11).

sont portées au tableau annexé à la loi du 4 juillet 1837 (1).

Les dessins seront tracés à l'encre et d'après une échelle métrique (2).

---

(1) La description ne devra contenir ni grattage ni mots interlignés (*Instructions ministérielles*). « Elle doit « être, à peine de nullité, suffisante pour l'exécution de « l'invention et doit exposer d'une manière complète et « loyale les véritables moyens de l'inventeur. » (Art. 30, § 6), (*Circulaire ministérielle du* 1er *oct.* 1844).

(2) « Les dessins ne peuvent servir qu'à compléter la « description mais ils ne sauraient y suppléer. » — « Les « photographies ou dessins effectués suivant des procé- « dés particuliers dérivés de la photographie ne sont « pas admis; ils entraînent le rejet de la demande. » (*Note ministérielle du* 12 *déc.* 1882), (*voir cette note reproduite page* 117).

Les dessins peuvent être lithographiés gravés ou autographiés. Ils seront *exactement semblables*, ne renfermeront aucune surcharge ni altération quelconque. Les légendes y annexées devront être inscrites en marge, sur l'original et sur le duplicata. Les deux exemplaires devront être conformes et ne pourront être écrits en langue étrangère; ils ne pourront être ni raturés, ni surchargés, ni contenir aucune dénomination de poids et mesures autres que celles du système métrique; les renvois et mots nuls seront constatés comme dans la prescription. Ils ne devront pas contenir non plus de grattages.

Quant aux échantillons ils ne devront jamais être fixés sur les descriptions ou dessins, mais être livrés en même temps que les pièces, *en paquets séparés et cachetés*. Ils pourront toutefois être produits en simple exemplaire.

« Les inventeurs doivent s'attacher à fournir une « description claire et complète, ils ne peuvent suppléer « à son insuffisance par la production d'échantillons « qui, d'après la loi, ne sont que des accessoires. »

Un duplicata de la description et des dessins sera joint à la demande (1).

Toutes les pièces seront signées (*ainsi que les dessins*), par le demandeur ou par un mandataire, dont le pouvoir restera annexé à la demande (2).

(*Circulaire ministérielle du* 12 *mars* 1867). (*Voir ci-dessous la Jurisprudence. — Valeur des échantillons*). — « Les dessins ou modèles qui pourraient être joints « à la demande doivent, comme les autres pièces, rester « sous le cachet du demandeur. » (*Circulaire ministérielle du* 1er *oct.* 1844). — « On doit laisser aux descrip- « tions, dessins et légendes, une marge suffisante pour « les mentions que l'administration est chargée d'y « inscrire. » (*Instructions ministérielles*).

JURISPRUDENCE

Valeur des échantillons. — Il a été jugé notamment que l'inventeur peut aussi déposer un *échantillon* mais que c'est surtout dans la description et les dessins que doit se trouver l'exposé complet de l'invention puisque ces seules pièces sont signées de lui et remises en duplicata, dont l'un des doubles lui est ensuite transmis pour la conservation de ses droits. Qu'il n'en est pas de même de l'*échantillon* dont le dépôt n'est pas fait en double, et qui, pouvant n'être pas susceptible de recevoir les signatures et cachets soit de l'inventeur, soit de l'autorité, n'est pas intimement lié au titre de l'inventeur et ne fait pas foi de l'invention et des moyens de l'exécuter [6 mars 1849, trib. civ. de la Seine, aff. Lefèvre c. Hermann-Villard (*Le Droit*, 1849, 361).

La perte des échantillons déposés préjudicie au breveté seul (*Voir art.* 30, § 6, *Jurispr.*, n° 23).

(1) Ces deux pièces destinées à être rendues à l'inventeur constituent, avec l'arrêté ministériel de délivrance, les titres du brevet.

(2) « Ces signatures ne doivent pas être légalisées non

plus que celles du pouvoir. (*Instructions ministérielles*). « — La loi n'ayant pas déterminé la forme du pouvoir « à exiger des représentants des inventeurs, le mandat « sous-seing privé peut être admis. » (*Circulaire ministérielle du* 1er *oct.* 1844). — Le pouvoir devra être remis *séparément* au moment du dépôt à la préfecture, il sera daté, mentionnera les nom, prénoms et adresses du mandant et de son mandataire, ainsi que le titre de l'invention dont il s'agit; il devra spécifier si ce dernier a été autorisé à signer les pièces de la demande, ou simplement à en effectuer le dépôt, enfin il sera assez lisiblement signé pour permettre d'établir la conformité parfaite de l'orthographe de la signature du mandant avec l'orthographe de son nom inscrit en tête du pouvoir. Au cas où la signature serait illisible, cette conformité d'orthographe devra être certifiée sur le pouvoir par le mandant ou par son mandataire. De même que pour la description (*voir plus haut*) le pouvoir sera établi sans altérations ni surcharges, les mots rayés comme nuls seront comptés et constatés et les renvois paragraphés. Aucune rectification apportée sur cette pièce ne sera valable qu'autant qu'elle aura été approuvée par le mandant et non par son mandataire. Si celui-ci est à la fois l'un des preneurs du brevet le pouvoir devra établir *qu'il est autorisé à déposer tant au nom de son mandant qu'au sien*. Au cas où une *société* constituera un mandataire pour déposer, si la société est en nom collectif, le pouvoir devra être signé de la signature sociale; si la société est anonyme, il devra être revêtu, soit de la signature du président du conseil d'administration, soit de la signature du directeur de la société, soit de celle de l'un des administrateurs délégués, mais le signataire devra mentionner dans le corps du pouvoir et au-dessous de sa signature sa qualité l'autorisant à agir pour la société.

Toute personne déclarant avoir la signature sociale ou remplir dans une société anonyme les fonctions énumérées ci-dessus, est admise, sans autre justifica-

ART. 7.

Aucun dépôt ne sera reçu que sur la production d'un récépissé constatant le versement d'une

---

tion, à déposer au nom de la société qu'il représente.

En cas de dépôt de demande de certificat d'addition à un brevet d'invention, si le mandataire est le même qui a déjà effectué le dépôt du brevet principal, il pourra être dispensé de produire un nouveau pouvoir, pourvu toutefois que le premier pouvoir l'ait autorisé à déposer, outre la demande de brevet, toutes demandes ultérieures de certificats d'addition à ce brevet, sinon, il devra présenter à l'appui du dépôt du certificat un nouveau pouvoir dans la même forme que le premier.

La substitution de pouvoir ne sera valable qu'autant que le mandat *de substituer une autre personne dans les effets du pouvoir* aura été formellement inscrit dans ledit pouvoir.

Modèle de pouvoir général à produire pour le dépôt de la demande de brevet et de toute de demande de certificat d'addition s'y rattachant :

Le soussigné (nom, prénoms et adresse de l'inventeur) donne par ces présentes, tous pouvoirs à M. (nom, prénoms et adresse du mandataire) à l'effet de pour lui et en son nom solliciter auprès du gouvernement français un brevet d'invention de quinze ans pour (titre de l'invention faisant l'objet du brevet). Et, aux fins que dessus, *payer les taxes et faire toutes déclarations nécessaires, présenter toutes demandes ou requêtes, donner toutes signatures requises, déposer toutes demandes de certificats d'addition, renoncer aux demandes en instance, retirer les documents de privilèges obtenus et en donner décharge, élire domicile et substituer dans tout ou partie du présent pouvoir.*

En cas de rejet, pour quelque cause que ce soit, des demandes ainsi formées, retirer les taxes et les pièces

somme de 100 francs, à valoir sur le montant de la taxe du brevet (1).

---

déposées, et reproduire de nouveau les demandes avec les modifications nécessaires, et, en général, faire aux fins que dessus, tout ce qui sera requis dans les différents cas qui peuvent se présenter, promettant l'avoir pour agréable et le ratifier d'avance.

Fait à le 188

(*Signature du mandant* très lisible).

(En cas de substitution de pouvoir) :

Je soussigné (nom et prénoms du mandataire principal) mandataire de M. (nom et prénoms du mandant) suivant pouvoir ci-dessus, délègue M. (nom et prénoms du mandataire substitué) pour effectuer le présent dépôt (ou bien) dans les effets dudit pouvoir.

Fait à le 188 .

(*Signature du mandataire principal*).

« L'administration ne doit procéder qu'à l'enregistrement des demandes de brevets appuyées de pièces « (récépissé et pouvoir) *absolument en règle;* dans le « cas contraire, le préfet est en droit, et il est de son « devoir, de refuser l'enregistrement. » (*Instructions ministérielles*).

Aux termes de l'art. 12 (*voir plus loin*) *toutes les formalités prescrites par l'art.* 6 *sont exécutoires sous peine de rejet.* « Les inventeurs sont invités à prendre « connaissance de cet article avant d'effectuer le dépôt « de leurs pièces. » (*Circulaire ministérielle du* 1er *oct.* 1844).

(1) Les 100 francs doivent être versés (*avant* 3 *heures*) 16, place Vendôme, à Paris, chez le receveur central du département qui en délivrera un récépissé, lequel devra être remis *séparément* lors du dépôt à la préfecture. (*Voir pour les formalités de versement, au chapitre spécial, relatif au paiement des annuités et aux*

Un procès-verbal, dressé sans frais par le secrétaire général de la préfecture, sur un registre à ce désigné et signé par le demandeur, constatera chaque dépôt en énonçant le jour et l'heure de la remise des pièces. Une expédition dudit procès-verbal sera remise au déposant moyennant le remboursement des frais de timbre (1).

ART. 8.

La durée du brevet courra à partir du dépôt prescrit par l'art. 5 (2).

---

formalités à remplir en pareil cas, page 95 et suiv.). — Le fait seul du versement ne saurait établir l'antériorité de la demande. Aux termes de l'art. 8 qui suit, la durée du brevet court seulement du jour du dépôt à la préfecture. La date du versement reste donc sans influence sur la date du brevet fixée seulement par le dépôt à la préfecture. On n'est pas tenu de déposer la demande le jour même du versement.

(1) « Le procès-verbal constatant le dépôt doit être « écrit sur un registre spécial ouvert à cet effet, dont « les pages, cotées par première et dernière, auront été « préalablement paraphées par le préfet. Tous les pro- « cès-verbaux y seront inscrits à la suite les uns des « autres, sans blanc ni rature ; ils seront dressés en pré- « sence des parties intéressées, porteront un numéro « d'ordre et indiqueront le jour et l'heure de la remise « des pièces. » (*Circulaire ministérielle du* 1er *oct.* 1844). — « L'objet de l'invention doit être désigné de la même « manière dans la demande et dans le procès-verbal de « dépôt. Ces deux pièces doivent aussi indiquer le même « titulaire et la même durée pour le brevet. » (*Instructions ministérielles*).

(2) Jour du dépôt de la demande à la préfecture (Voir cet article ci-dessus, voir aussi l'art. 15).

SECTION II

DE LA DÉLIVRANCE DES BREVETS

ART. 9.

Aussitôt après l'enregistrement des demandes, et dans les cinq jours de la date du dépôt, les préfets transmettront les pièces, sous le cachet de l'inventeur, au ministre de l'agriculture et du commerce, en y joignant une copie certifiée du procès-verbal de dépôt, le récépissé constatant le versement de la taxe, et, s'il y a lieu, le pouvoir mentionné dans l'article 6.

ART. 10.

A l'arrivée des pièces au ministère de l'agriculture et du commerce, il sera procédé à l'ouverture, à l'enregistrement des demandes et à l'expédition des brevets, dans l'ordre de la réception desdites demandes (1).

---

(1) Cet ordre est sans influence sur la date même du brevet dont les effets courent du jour et de l'heure du dépôt de la demande à la préfecture (art. 8). — Les arrêtés ministériels de délivrance des brevets portent toujours une date postérieure de plusieurs mois à celle du dépôt. Il est très important de ne pas confondre ensemble ces deux dates qui fixent chacune le point de départ de deux délais légaux différents. Le délai légal d'un an fixé par l'art. 4 pour le paiement de l'annuité court du jour du dépôt de la demande à la préfecture, date réelle du brevet, tandis que le délai légal de deux ans pour l'exploitation de l'invention fixé par l'art. 32 court de la date de la signature des titres ou date de l'arrêté.

ART. 11.

Les brevets dont la demande aura été régulièrement formée seront délivrés, sans examen préalable, aux risques et périls des demandeurs (1), et sans garantie, soit de la réalité, de la nouveauté ou du mérite de l'invention, soit de la fidélité ou de l'exactitude de la description (2).

---

(1) (*Voir pour les risques encourus par le breveté les art.* 30, 31, 32, 33, 34 *et* 40).

(2) Le brevet ne fait que constater la régularité des pièces et la priorité de la demande. Comme il a été dit « le brevet suppose l'invention mais il ne la consacre pas. » Toutefois c'est un titre entre les mains de l'inventeur qui est présumé valable tant qu'il n'est pas attaqué. Mais c'est aux tiers, ainsi que l'a établi la jurisprudence (*Voir art.* 31 *Jurisprudence, n*os 1, 2, 3 *et* 4) qui attaquent la validité du brevet à faire la preuve du défaut de nouveauté. Le breveté plaignant en contrefaçon n'a pas à faire la justification de la nouveauté de son invention, c'est au prévenu à prouver contre le brevet qui constitue un titre au profit du plaignant. — Lorsqu'il y a doute sur la nouveauté, ce doute s'interprète en faveur du brevet, tandis qu'au contraire, le doute sur la description s'interprète contre le breveté en vertu de l'art. 1162 qui dit que « les conventions dans le doute doivent s'interpréter contre celui qui stipule ».

Les brevets étant délivrés aux risques et périls de qui de droit, le ministre ne peut tenir compte des oppositions qui seraient formées entre ses mains soit à la délivrance, soit à la propriété des brevets. Toutes les questions relatives à la propriété des brevets, sont de la compétence des tribunaux civils (*art.* 34 *de la loi*).

Avant d'effectuer le dépôt de sa demande de brevet,

Un arrêté du ministre, constatant la régularité de la demande, sera délivré au demandeur, et constituera le brevet d'invention.

---

l'inventeur devra s'assurer par lui-même s'il n'aurait pas été délivré déjà de brevet pour la même invention que la sienne. Il aura la facilité de consulter à ce sujet, à la préfecture de la Seine ou au ministère du commerce, le catalogue des brevets délivrés. Il pourra également prendre connaissance, au ministère du commerce, 244, boulevard Saint-Germain (bureau de la propriété industrielle) de la description originale et des dessins originaux des brevets délivrés qui l'intéressent. En outre, les brevets n'étant connus qu'au fur et à mesure de leur délivrance (*le dépôt en restant secret jusqu'à cette époque*) et, d'un autre côté, les titres n'étant généralement délivrés que plusieurs mois après le dépôt, le brevetable aura tout intérêt à rechercher, même après le dépôt de sa demande à la préfecture, si des brevets déposés avant le sien auraient été délivrés dans cet intervalle pour la même invention. S'il découvrait alors une antériorité pouvant entacher du défaut de nouveauté son invention, ou bien s'il s'apercevait que son invention est déjà connue et exploitée, il aura la faculté en renonçant à sa demande, de se faire rembourser la somme versée pour la taxe de première annuité de son brevet, pourvu, toutefois, que sa demande en renonciation ait été produite avant la signature de ses titres. (*Voir plus loin la note de l'article* 13 *relative aux formalités à remplir en pareil cas*). — Il devra profiter du délai pendant lequel son invention est réputée secrète (*entre le dépôt de la demande et la délivrance des titres*) pour prendre ou faire prendre s'il le désire, des brevets à l'étranger pour la même invention [*Voir toutefois la note de l'art.* 29 *relative aux dispositions de la convention internationale, en ce qui concerne le délai de priorité réservé au breveté de l'un des états de l'Union pour prendre le même brevet dans un*

A cet arrêté sera joint le duplicata certifié de la description et des dessins, après que la conformité avec l'expédition originale en aura été reconnue et établie au besoin.

La première expédition des brevets sera délivrée sans frais (1).

---

autre de ces états; voir aussi l'art. 31, *Jurisp.* (*du n°* 19 *au n°* 27)]

JURISPRUDENCE

Il a été jugé notamment; que la loi qui admet la demande de brevet, sans autre examen, a laissé aux tribunaux le soin d'apprécier si le premier déposant n'a pas surpris frauduleusement le secret de celui qui n'a effectué son dépôt que postérieurement. Dans ce cas, la préférence de la loi, qui n'est fondée que sur la présomption d'une possession légitime, doit céder à la preuve contraire. Que si cette preuve est faite, les juges statuent sans tenir compte de la date des dépôts, et restituent l'invention à son premier propriétaire [27 déc. 1851, trib. civ. de Paris, aff. Pothier et Lebrun c. Ledamoiseau et Pullin (*Rép. de jurispr., Huard*)].

(1) Aussitôt les titres du brevet signés, le ministre du commerce les transmet au préfet chargé d'en faire la remise aux intéressés. — Les brevets sont délivrés au signataire du procès-verbal, sur leur décharge, ou à leurs mandataires *nominativement* constitués et porteurs d'un pouvoir spécial. — Le breveté, bien que n'ayant pas déposé lui-même sa demande, pourra toujours retirer les titres de son brevet, mais à la condition de justifier de son identité. Au cas où ni celui-ci ni son mandataire déposant ne pourraient se présenter, le breveté pourra constituer un nouveau mandataire pour retirer ses titres, mais dans ce cas, la signature du mandant devra être légalisée sur le pouvoir.

« La date de la remise des titres, constatée par le récépissé du breveté, devra être inscrite sur le registre

Toute expédition ultérieure, demandée par le breveté ou ses ayants cause, donnera lieu au paiement d'une taxe de 25 francs (1).

Les frais de dessin, s'il y a lieu, demeureront à la charge de l'impétrant (2).

ART. 12.

Toute demande dans laquelle n'auraient pas été observées les formalités prescrites par les n°s 2 et 3 de l'art. 5 et par l'art. 6, sera rejetée. La moitié de la somme versée restera acquise au Trésor, mais il sera tenu compte de la totalité de cette somme au demandeur s'il reproduit sa demande dans un délai de trois mois, à compter de la date de la notification du rejet de sa requête (3).

---

des brevets tenu à la préfecture. » (*Instructions ministérielles*).

(1) Cette expédition devra être demandée au ministre. La somme de 25 francs sera également versée à la caisse du receveur central. (*Voir pour les formalités à remplir en pareil cas la note de l'art.* 23).

(2) Les personnes qui en veulent des copies doivent aller au ministère les copier elles-mêmes, ou envoyer un mandataire pour exécuter ce travail à leurs frais.

(3) « Les arrêtés ministériels de rejet de brevet, « aussitôt parvenus à la préfecture, sont adminis- « trativement notifiés à la partie intéressée qui est « informée en même temps que les pièces à lui rendre « sont à sa disposition à la préfecture où elles lui sont « remises contre récépissé. Au cas où l'intéressé se pré- « senterait à la préfecture avant la notification de l'arrêté « de rejet, cet acte lui serait remis avec les pièces qui « s'y rattachent, contre un récépissé dans lequel il

Art. 13.

Lorsque, par application de l'art. 3, il n'y aura pas lieu à délivrer un brevet, la taxe sera restituée (1).

« reconnaîtrait qu'il tient la décision ministérielle pour notifiée. » (*Circulaire ministérielle du* 6 *septembre* 1865).

L'impétrant pourra se pourvoir devant le Conseil d'État pour faire reviser la décision ministérielle. Il a été jugé que « ce recours ne sera pas valable après trois mois du jour où cette décision aura été notifiée. »

En cas de reproduction d'une demande de brevet régularisée après rejet, le pétitionnaire aura soin de rappeler dans sa nouvelle requête la date du premier dépôt de la demande rejetée pour irrégularité, le motif du rejet et, notamment, la date de la notification qui lui a été faite de ce rejet, afin d'établir s'il se trouve dans les délais fixés par l'art. 12 pour faire valoir à l'appui du second dépôt le récépissé de 100 francs produit à l'appui de la première demande. Le brevet devra être pris dans ce cas par la même personne que le premier pétitionnaire et pour le même objet. Si le délai de trois mois fixé par l'art. 12 était expiré, il devra avant de déposer sa nouvelle demande verser une nouvelle somme de 100 francs et demander d'autre part le remboursement de la somme partielle de 50 francs qui lui resterait due sur la première somme de 100 francs versée lors du premier dépôt, l'autre moitié de cette somme étant acquise au trésor d'après l'art. ci-dessus.

(1) C'est-à-dire lorsque l'invention ne sera pas brevetable aux termes de l'art. 3 (*voir ci-dessus*).

La taxe de première annuité d'un brevet peut être également restituée en totalité :

1° En cas de non-dépôt de la demande de brevet;
2° En cas de retrait de la demande avant la délivrance des titres. Il y aura lieu, dans ces deux cas, d'adresser

ART. 14.

Un décret, inséré au *Bulletin des Lois*, proclamera, tous les trois mois, les brevets délivrés.

ART. 15.

La durée des brevets ne pourra être prolongée que par une loi (1).

---

au ministre du commerce une demande motivée sur papier timbré, tendant à obtenir le remboursement de la taxe versée (*joindre le récépissé à la demande en remboursement pour cause de non dépôt*). La demande de remboursement, par suite de renonciation, devra indiquer si le pétitionnaire renonce purement et simplement à sa demande de brevet ou bien s'il a l'intention de la reproduire après modification. Dans ce dernier cas, la somme versée n'est pas remboursée et le récépissé peut servir à l'appui du nouveau dépôt pourvu toutefois, que le nouveau brevet soit pris pour le même objet que celui figurant sur le récépissé et que la demande renouvelée soit faite par la même personne. Le breveté peut obtenir également le remboursement de taxes d'annuité versées en trop ou en double emploi, en remplissant les mêmes formalités (*joindre à la demande les deux récépissés établissant le versement en double emploi ou le versement supplémentaire*). — Les mêmes formalités sont à remplir pour les demandes en remboursement de taxes de certificats d'addition (*Voir aussi pour les autres cas de remboursement de ces taxes le dernier paragraphe de la note* 1 *de l'art.* 16, § 1 (pages 30 et 31).

(1) (*Voir aussi l'art.* 4 *et l'art.* 6, § 2, *ainsi que les notes*).

SECTION III

DES CERTIFICATS D'ADDITION

ART. 16.

Le breveté ou les ayants droit au brevet auront pendant toute la durée de ce brevet, le droit d'apporter à l'invention des changements, perfectionnements ou additions, en remplissant, pour le dépôt de la demande, les formalités déterminées par les art. 5, 6 et 7 (1).

---

(1) Par *ayants droit au brevet*, on entend les cessionnaires réguliers du droit de propriété du brevet, soit cessionnaires volontaires, soit cessionnaires forcés, c'est-à-dire, pour les premiers, ceux qui, devenus propriétaires du brevet suivant *acte translatif de propriété*, ont fait enregistrer à la préfecture l'extrait authentique de l'acte de cession ou de mutation établissant leurs droits de cessionnaires réguliers du brevet, après avoir payé le complément de la taxe du brevet conformément à l'art. 20 (*voir plus loin cet art. et les notes*). Les cessionnaires forcés, c'est-à-dire devenus propriétaires du brevet suivant *acte déclaratif de propriété*, bien que non tenus, comme les cessionnaires volontaires, pour faire valoir leurs droits vis-à-vis des tiers, de se conformer aux prescriptions de l'art. 20, devront cependant, s'ils veulent prendre valablement un certificat d'addition, justifier de leurs droits de cessionnaires forcés du brevet vis-à-vis de l'administration par la production, lors du dépôt de la demande de certificat, de l'acte établissant leurs droits au brevet auquel se rattache le certificat d'addition qu'ils sollicitent (*voir également l'art. 20 et les notes et l'art. 22*).

Celui qui ayant déposé une demande de certificat

Ces changements, perfectionnements ou additions seront constatés par des certificats délivrés dans la même forme que le brevet principal, et qui produiront, à partir des dates respectives des demandes de leur expédition, les mêmes effets que ledit brevet principal avec lequel ils prendront fin (1).

Chaque demande de certificat donnera lieu au paiement d'une taxe de 20 francs (2).

---

d'addition, ne pourrait justifier de ses droits de cessionnaire régulier du brevet, verrait sa demande rejetée ; il pourra être remboursé de la taxe versée. De même aussi celui qui aurait pris un certificat d'addition à un brevet dont la demande aurait été rejetée. On peut également, comme pour les taxes d'annuités de brevets, obtenir le remboursement des taxes de certificats d'addition si on renonce à la demande avant la délivrance des titres. Il y aura lieu de remplir les mêmes formalités que ci-dessus (*voir la note de l'art.* 13).

(1) (*Voir le cas de nullité prévu au dernier paragraphe de l'art.* 30).

(2) La taxe de 20 francs devra être également versée chez le receveur central. Cette taxe est une seule fois payée et ne vient pas s'ajouter à la taxe annuelle à payer subséquemment pour le brevet. En effectuant ce versement, on devra indiquer exactement : 1° les nom et prénoms du breveté principal et, en outre, en cas de cession les nom et prénoms de l'ayant droit au brevet, cessionnaire régulier (*voir la note de l'art.* 16, § 1); 2° la date précise du dépôt de la demande, le numéro de délivrance et le titre du brevet auquel se rattache le certificat (*si le brevet n'était pas encore délivré, il y aurait lieu d'en faire la déclaration lors du versement*).

On aura soin, en outre, de vérifier *séance tenante* dans les bureaux de la recette, ainsi que le prescrit

Les certificats d'addition pris par un des ayants droit profiteront à tous les autres (1).

---

l'avis qui s'y trouve affiché, si le récipissé a été établi conformément aux indications ci-dessus, sinon, on devra faire rectifier immédiatement le récipissé, en cas d'erreur ou d'inexactitude (*voir pour le pouvoir à produire à l'appui du dépôt de la demande de certificat, le paragraphe 7 de l'art. 6 et la note*).

JURISPRUDENCE

Il a été jugé notamment : 1° que la loi, en rappelant avec soin les mots *additions*, *changements*, *perfectionnements*, a fait voir clairement qu'elle entendait permettre à l'inventeur de prendre un *certificat d'addition* pour tout ce qui se rattacherait de près ou de loin au brevet principal. — [31 mars 1846, C. de Douai; aff. Depouilly c. Descat-Crouzet (*Rép. de jurisp., Huard*)].; 2° que les certificats d'addition prennent fin avec le brevet principal. Que l'art. 16 ne fait aucune distinction entre le cas où le brevet principal finit, par l'expiration du temps pour lequel il avait été pris, ou par la déchéance qui peut être encourue aux termes de l'art. 32, et le cas où il ne peut produire d'effet, faute de porter sur une découverte ou une application industrielle nouvelle, conformément à l'art. 30. Donc, que lorsque le brevet principal est nul, le certificat d'addition qui s'y rattache ne peut produire d'effet. — [5 févr. 1852, C. de cass.; aff. Brossard et Vidal c. Lerebours (*le Droit*, 1852, 31)]. 3° Que lorsque le brevet est nul, l'*addition* même contenant une invention nouvelle est nulle. — [7 juill. 1854, trib. civ. de la Seine; aff. Lefranc c. Blanchon (*Rép. de jurisp., Huard*)].

(1) Le certificat d'addition peut être demandé par chacun des copropriétaires du brevet séparément ou par chacun des ayants droit (*cessionnaires réguliers*) (*voir à ce sujet la note du* § 1er *de l'art.* 16, *voir aussi l'art.* 22)

Art. 17.

Tout breveté qui, pour un changement, perfectionnement ou addition, voudra prendre un brevet principal de cinq, dix ou quinze années, au lieu d'un certificat d'addition expirant avec le brevet primitif, devra remplir les formalités prescrites par les art. 5, 6 et 7, et acquitter la taxe mentionnée dans l'art. 4.

Art. 18.

Nul autre que le breveté ou ses ayants droit, agissant comme il est dit ci-dessus, ne pourra, pendant une année, prendre valablement un brevet pour un changement, perfectionnement ou addition à l'invention qui fait l'objet du brevet primitif (1).

Néanmoins, toute personne qui voudra prendre un brevet pour changement, perfectionnement ou addition à une découverte déjà brevetée, pourra,

---

(1) *Voir le cas de nullité prévu par l'art.* 30, § 7). — L'année de préférence dont parle l'art. 18, ainsi que l'a établi la jurisprudence (*voir la Propr. industr.*, *n°* 150, *jugement du trib. corr. d'Epernay du* 4 *oct.* 1860) est la première à dater du jour de la signature ou délivrance du brevet. Le breveté peut, sans attendre la délivrance des titres du brevet, effectuer le dépôt de sa demande de certificat d'addition ou de perfectionnement. Il peut même, ainsi que l'a établi la jurisprudence, divulguer, avant le dépôt de la demande du certificat d'addition, l'objet de ce certificat, pourvu toutefois que ce soit postérieurement à la date de son brevet principal et dans le délai de préférence qui lui est réservé pour déposer ladite demande de certificat (*voir ci-après la jurisprudence de l'art.* 18, n° 3).

dans le cours de ladite année, former une demande qui sera transmise et restera déposée sous cachet au ministère du commerce.

L'année expirée, le cachet sera brisé et le brevet délivré.

Toutefois, le breveté principal aura la préférence pour les changements, perfectionnements ou additions pour lesquels il aurait lui-même, pendant l'année, demandé un certificat d'addition ou un brevet (1).

---

(1) « La loi fournit à l'inventeur le moyen de prendre « date pour sa découverte, en l'autorisant à déposer « une demande de brevet qui ne doit être ouverte qu'a- « près l'expiration de l'année de privilège accordée à « l'inventeur primitif : Les demandes de cette nature « seront reçues et enregistrées comme les autres de- « mandes, mais le procès-verbal de dépôt devra indi- « quer spécialement l'invention à laquelle se rattache « l'addition ou le perfectionnement qu'on veut faire « breveter. » (*Circulaire ministérielle du* 1er *oct.* 1844). — L'inventeur autre que le breveté principal aura soin, dans ce cas, de mentionner sur l'enveloppe renfermant les pièces de sa demande, que le cachet ne devra en être brisé qu'à l'expiration du délai de préférence d'une année réservé au breveté principal. (*Voir ci-après Jurisp.*, n. 5).

JURISPRUDENCE

Il a été jugé notamment : 1° Qu'il ne suffit pas, pour jouir du bénéfice de l'art. 18, que l'inventeur prenne un certificat pour un objet se rapportant au brevet principal; qu'il faut encore que l'*addition* contienne un *perfectionnement à l'invention qui fait objet du brevet principal* [4 mai 1855, C. de Paris, aff. Damiens c. Langry (*Rép. de jurispr., Huard*)]. — 2° Qu'il est dans le domaine souverain des juges du fait d'apprécier

Art. 19.

Quiconque aura pris un brevet pour une découverte ou application se rattachant à l'objet d'un

---

si une invention pour laquelle un brevet principal a été pris, constitue simplement un perfectionnement ou une addition apportée à une invention déjà brevetée au profit d'un tiers; et si, par suite, ce dernier a pu valablement, dans l'année de son brevet, prendre lui-même, aux termes de l'art. 18, un certificat d'addition pour ce même perfectionnement [7 juill. 1855, rej., aff. Frezon c. Meissonnier (*Gaz. des trib.*, 8 *juill.*)]. — 3° Qu'il importe peu que le perfectionnement qui fait l'objet d'un certificat d'addition pris dans l'année du brevet principal, ait été *divulgué* avant la prise du certificat d'addition, pourvu que ce soit postérieurement à la date du brevet principal; qu'en conséquence, est valable le certificat d'addition obtenu pour un objet que l'inventeur a exploité publiquement avant la demande de son certificat d'addition [7 déc. 1859, trib. civ. de la Seine, aff. Letestu c. Bader et autres (*la Propr. indust.*, n° 107)]. — 4° Que lorsqu'un brevet est nul parce qu'il ne contient aucune invention nouvelle, le *certificat d'addition* pris dans l'année pour une invention véritablement nouvelle ne donne pas au breveté principal un droit de préférence à tous autres, et que celui qui l'a pris ne saurait invoquer l'art. 18 pour primer le brevet pris par un autre postérieurement à son brevet principal et antérieurement à son certificat d'addition [4 mai 1855, C. de Paris, aff. Langry c. Damiens (*Rép. de jurisp.*, *Huard*)]. — 5° Que si dans les délais accordés à l'inventeur par l'art. 18 de la loi de 1844, un concurrent apporte des perfectionnements à l'invention principale, sans les déposer sous cachet, les droits privatifs résultant de ces perfectionnements doivent être adjugés à l'inventeur lésé [11 déc. 1857, C. de Paris, aff. Goin C. Gariel (*la Propr. industr.* n° 5)].

autre brevet, n'aura aucun droit d'exploiter l'invention déjà brevetée, et réciproquement, le titulaire du brevet primitif ne pourra exploiter l'invention, objet du nouveau brevet (1).

SECTION IV

DE LA TRANSMISSION ET DE LA CESSION DES BREVETS

Art. 20.

Tout breveté pourra céder la totalité ou partie de la propriété de son brevet.

La cession totale ou partielle d'un brevet, soit à titre gratuit, soit à titre onéreux, ne pourra être faite que par acte notarié et après le paiement de la totalité de la taxe déterminée par l'art. 4.

JURISPRUDENCE

(1) *Il a été jugé notamment :* 1° Que l'art. 19 a pour but d'interdire l'usage des *perfectionnements* qui dépendent de l'invention principale et qui ne peuvent être réalisés sans elle, en un mot ceux qui passent par l'invention principale pour aller à leur but [28 nov. 1843, C. de Paris, aff. Perilhat C. Périssin (*Rép. de jurisp., Huard)*]. — 2° Qu'un contrefacteur ne peut échapper aux conséquences de la contrefaçon, en alléguant qu'il a perfectionné l'invention brevetée. Qu'il ne pourrait exploiter son *perfectionnement* d'une manière licite qu'autant que le brevet principal n'existerait plus [14 fév. 1856, C. de Paris, aff. Fontaine c. Berger (*Rép. de jurisp., Huard)*]. — 3° Que des perfectionnements, quelle qu'en soit l'*importance*, ne sauraient porter atteinte aux droits privatifs d'un premier inventeur [7 août 1860, trib. corr., de la Seine, aff. Visseau c. Oget (*la Propr. indust.*, n° 146)].

Aucune cession ne sera valable, à l'égard des tiers, qu'après avoir été enregistrée au secrétariat de la préfecture du département dans lequel l'acte aura été passé.

L'enregistrement des cessions et de tous autres actes emportant mutation sera fait sur la production et le dépôt d'un extrait authentique de l'acte de cession ou de mutation (1).

---

(1) « Tout breveté peut céder ses droits soit en stipu-
« lant un prix de vente, soit sans exiger aucun équi-
« valent, il peut les céder en totalité ou s'en réserver
« une partie; par exemple : donner à un tiers le droit
« de fabriquer en gardant celui de vendre, ou trans-
« mettre son droit seulement pour un temps déterminé,
« ou apporter son brevet dans une Société dont il fait
« partie, ou en autoriser l'exploitation seulement dans
« un ou plusieurs départements de la France. De plus,
« les parties sont libres d'insérer dans les contrats de
« cession toutes les conditions, réserves, limitations
« qui ne sont pas interdites par le droit commun ou par
« des lois spéciales, mais la loi exige l'accomplissement
« de trois formalités essentielles : 1° *la totalité de la*
« *taxe doit être payée avant toute cession totale ou*
« *partielle;* 2° *une cession ne peut être faite que par un*
« *acte notarié;* 3° *pour qu'une cession soit valable à*
« *l'égard des tiers, il faut qu'elle ait été enregistrée*
« *à la préfecture du département où l'acte a été*
« *passé.* »

« Cet enregistrement s'opère aux risques et périls de
« ceux qui le demandent. Si la cession donne lieu à des
« contestations, c'est aux tribunaux qu'il appartient de les
« résoudre. La préfecture n'a pas à s'occuper de la nature
« des conventions renfermées dans l'acte ni du point de
« savoir si la cession est valable ou si l'enregistrement
« est demandé en temps utile. Elle doit examiner seu-
« lement s'il s'agit d'une cession volontaire ou d'une

(Voir dans le corps de la note ci-dessous : 1° les

« mutation d'une autre espèce, et, dans le premier cas, « elle doit procéder à l'enregistrement, à la condition « que les intéressés lui remettent les documents consta« tant l'accomplissement des deux premières formalités « mentionnées ci-dessus. Ces documents sont, savoir : « 1° *un extrait authentique de l'acte passé devant un* « *notaire du département;* 2° *un récépissé d'un receveur* « *des finances constatant le versement du complément* « *de la taxe du brevet;* 3° *le récépissé de la dernière an*« *nuité échue, si le brevet a plus d'un an de date, afin* « *de pouvoir constater le montant du complément à* « *verser.* — Lorsque ces productions sont faites réguliè« rement et qu'il s'agit bien d'une cession volontaire, « l'enregistrement doit se faire sans aucun délai. *Mais* « *si les trois documents ne sont pas déposés en bonne* « *forme, le préfet est en droit et il est de son devoir de* « *refuser d'enregistrer la cession jusqu'à ce que le dépôt* « *ait été régularisé* ». (*Circulaire ministérielle du* 30 *déc.* 1865).

La constatation, dans l'acte de cession, du paiement complémentaire, ne suffit donc pas, aux termes des instructions ministérielles, et il est nécessaire de justifier de ce paiement, lors du dépôt de l'acte à enregistrer, par la production des récépissés mêmes.

« Dans le cas où l'on n'aurait plus en sa possession « ces récépissés on pourrait y suppléer en se faisant « délivrer par le receveur qui a reçu le versement une « déclaration constatant ce versement ». (*Circulaire ministérielle du* 30 *déc.* 1865). — « Les états de paie« ments émanant du ministère du commerce ne peuvent « y suppléer ». (*Lettre ministérielle du* 4 *avril* 1884).

Si une précédente cession du même brevet avait été déjà enregistrée au secrétariat général de la préfecture de la Seine, il n'y aurait pas lieu, lors du dépôt de la nouvelle cession de ce brevet, de justifier à nouveau du paiement des annuités complémentaires; mais, si cet enregistrement avait été opéré dans un autre département, le déposant devra produire nne copie sur timbre du procès-verbal dressé au secrétariat général de la préfecture de ce département, constatant l'enregistremen du précédent acte de cession et mentionnant la justification, lors de cet enregistrement, du paiement complémentaire des annuités du brevet. (*Formalité prescrite par la circulaire ministérielle du* 30 *déc.* 1865).

« Les procès-verbaux de dépôt des actes de cession de « brevets, comme les procès-verbaux de dépôt de de- « mandes de brevets, seront dressés de suite, en pré- « sence du déposant et signés par lui. Ils devront être « établis sur un registre spécial dont les pages seront « parafées par le préfet et cotées par première et der- « nière. Ils seront inscrits à la suite les uns des autres, « sans blancs ni ratures, en présence des parties et por- « teront un numéro d'ordre. On doit y énoncer sucessi- « vement : 1° le jour et l'heure du dépôt; 2° les noms, « qualité et domicile du déposant; 3° ceux du cédant et « du cessionnaire; 4° le numéro du brevet et l'objet « pour lequel il a été pris; 5° le dépôt de l'extrait authen- « tique de l'acte notarié; 6° Le dépôt des récépissés « mentionnés ci-dessus; 7° les droits conférés au ces- « sionnaire et les conditions de ladite cession qui pour- « raient affecter la propriété du brevet ». (*Circulaires ministérielles des* 31 *oct.* 1844 *et* 30 *déc.* 1865).

Le déposant, s'il est autre que le breveté, le cédant ou le cessionnaire, n'a pas à produire de pouvoir à l'appui du dépôt à la préfecture de l'acte de cession.

« La loi n'a pas ordonné qu'il soit délivré expédition « du procès-verbal mais cette mesure peut être adoptée « dans l'intérêt des parties et elle ne doit entraîner « d'autres frais que le remboursement du prix du tim- « bre ». (*Circulaire ministérielle du* 31 *oct.* 1844).

Si l'on désire faire apposer sur l'acte même la mention de l'enregistrement effectüé à la préfecture de la Seine, on devra, dans ce cas, déposer un double de l'acte ou de l'extrait de l'acte de cession, la préfecture étant tenue de transmettre au ministère, avec la copie du procès-verbal d'enregistrement de la cession et les récépissés d'annuités, un exemplaire de cet acte ou de cet extrait d'acte de cession..

Le cédant ne peut, même d'accord avec les cessionnaires, renoncer à une partie de la durée du brevet pour avoir une somme moins forte à payer. (*Voir aussi au chapitre spécial « paiement des annuités » (page 101), les cas particuliers où le paiement complémentaire des annuités est exigée par la préfecture*).

La cession d'un brevet peut être faite et enregistrée même avant la signature des titres par le ministre du commerce.

« Un brevet pris en France peut etre cédé a l'étran-
« ger; mais l'acte de cession doit être authentique
« suivant la loi du pays et il est nécessaire qne les
« intéressés, après avoir acquitté en France le complé-
« ment de la taxe, déposent l'acte chez un notaire du
« département où ils se proposent de faire enregistrer
« la cession, et présentent au secrétariat général de la
« préfecture de ce département : 1° *une expédition*
« *authentique de l'acte fait à l'étranger et déposé par*
« *devant le notaire;* 2° *les récépissés mentionnés ci-*
« *dessus* ». (*Circulaire ministérielle du* 30 *déc.* 1865).

« D'après les dispositions formelles des art. 27 et 28
« de la loi, la qualité d'étranger soit comme cédant,
« soit comme cessionnaire, ne doit faire apporter aucun
« obstacle à l'enregistrement des actes de cession ou de
« mutation de brevets, ni aucun changement dans les
« formalités prescrites pour cet enregistrement ». (*Voir aussi les art.* 27, 28 *et* 29 *relatifs aux droits des étrangers en matière de brevets*).

« La mutation peut résulter d'un jugement dans le cas
« d'action en revendication de la propriété de la
« découverte, d'un décès, d'un partage, d'une séparation
« d'associés, etc. Dans ces différents cas, ou, en d'autres
« termes, toutes les fois que la transmission n'a pas le

(voir ci-dessous; 2° les renseignements en matière d'opposition à la cession d'un brevet (*page* 42)*; et*

« caractère de la cession volontaire, qu'elle est forcée « ou qu'il s'agit d'un acte *déclaratif* et non *translatif* « de propriété, l'acquéreur ou le nouveau propriétaire a « le droit d'invoquer tous les effets qui résulteraient « d'une cession semblable, sans être tenu de remplir « les formalités prescrites par l'art. 20. Il a qualité pour « agir contre les tiers bien qu'il n'ait pas payé le com- « plément de la taxe ni fait enregistrer l'acte de muta- « tion. Dans tous les cas si, par mesure de précaution, « l'acquéreur ou le nouveau propriétaire préfère que son « titre soit enregistré à la préfecture, il y a lieu de sa- « tisfaire à sa demande, sans exiger les récépissés « d'annuité ».

De même lorsqu'un des titulaires du brevet en a abandonné la propriété toute entière à son cotitulaire, le paiement de la totalité de la taxe n'est pas exigible.

« Toutefois, quand la propriété d'un brevet est cédée « par un particulier à une société, ou apportée par un « particulier dans une société dont il fait partie, la ces- « sion doit, comme lorsqu'il s'agit d'une transmission « faite par un particulier à un autre particulier, être « constatée par acte notarié, après le paiement de la « taxe, et enregistrée au secrétariat général de la pré- « fecture pour être valable à l'égard des tiers. Il en est « de même dans le cas où, une société propriétaire d'un « brevet, le cède à un particulier qui ne faisait pas « partie de cette société. Mais si la société se dissout « et que le brevet soit transmis à un de ses membres, « le paiement de la totalité de la taxe n'est pas exigible. « (*On suppose, bien entendu, dans ce dernier cas, que « la société a pris le brevet en son nom ou que, l'ayant « acquis d'un particulier ou d'une société par une ces- « sion volontaire, elle a payé la totalité de la taxe*). » (*Circulaires ministérielles des* 31 *oct.* 1844, 30 *déc.* 1865 *et* 28 *janv.* 1867).

3e *tout à la fin, la partie relative à la licence d'exploitation des brevets (pages* 48 *et* 49), *et au nantissement en matière de brevets*) (*pages* 50 *et* 51).

Opposition à la cession d'un brevet.

« La préfecture ne peut tenir compte des oppositions « qui pourraient être faites à l'enregistrement d'une « cession, elle n'est pas juge des prétentions qui peu- « vent s'élever à ce sujet. L'enregistrement se fait aux « risques et périls de ceux qui le demandent, et si la « cession donne lieu à des contestations, c'est aux tri- « bunaux qu'il appartient de les resoudre. » (*Circulaire ministérielle du* 30 *déc.* 1865). Voir aussi l'art. 34.

JURISPRUDENCE

Obligations du cédant et du cessionnaire. — Il a été jugé notamment : 1° Que celui qui *vend* la propriété d'un brevet est *garant* envers l'acheteur de la *validité* du brevet, même en ce qui touche la *brevetabilité* de l'invention; que bien que la brevetabilité de l'invention soit une question de droit, on ne peut opposer à l'acheteur qu'il est non recevable, ni même que par l'achat il a reconnu la brevetabilité; qu'en conséquence, si le brevet est annulé pour défaut de brevetabilité, il y a lieu de prononcer la résiliation de la cession [19 déc. 1860, trib. civ. de la Seine, aff. Lefèvre et Piault, c. Bélicart (*la Propr. industr.*, n° 162)]. 2° Que lorsqu'un brevet, cédé à des tiers est annulé par justice, le cédant doit non seulement la *restitution* intégrale du prix qui lui a été payé, mais encore une indemnité pour préjudice causé tant au cessionnaire qu'au demandeur en nullité. [12 août 1859, trib. civ. de la Seine, aff. Rey c. Dupouy Longat (*la Propr. industr.*, n. 97)]. 3° Que le breveté qui a cédé son titre sans garantie est obligé, néanmoins, de donner au cessionnaire tous les renseignements nécessaires pour l'emploi du procédé; qu'alors même que, dans l'acte, l'acquéreur aurait déclaré bien connaître la découverte, et qu'il serait établi que le

Une expédition de chaque procès-verbal d'enre-

---

cédant a opéré devant lui [22 févr. 1845, C. de Paris, aff. Marchand c. Lhuillier (*Rép. de jurisp., Huard*)].

Du tribunal compétent. — 4° Que la cession d'un brevet, moyennant une prime fixe ou une redevance proportionnelle aux bénéfices que réalisera le cessionnaire, est une convention purement civile. Qu'en conséquence, le *tribunal civil* est seul *compétent* pour connaître des contestations relatives à cette cession [31 janv. 1860, C. de Douai, aff. Dehollain, c. Dubrunfaut (*la Propr. industr.*, n° 128)]. 5° Que la cession d'un brevet, lorsqu'elle est faite par un non commerçant, ne constitue pas un *acte de commerce*, alors même que l'invention serait destinée, par l'acheteur, à une exploitation commerciale et qu'il aurait été stipulé, dans le contrat, que le vendeur aiderait l'acheteur dans l'emploi du brevet [16 nov. 1852, C. de Paris, aff. Fastier c. Ch. Martin (*le Droit*, 1852, 277). *Contrà*, 5 févr. 1853, C. de Bourges, aff. Gendarme c. Martin (*Rép. de jurisp., Huard*). Mais il en est autrement si le vendeur est, par une clause formelle, associé aux bénéfices devant résulter de l'exploitation de son invention par l'acheteur [31 juill. 1848, C. d'app. de Colmar, aff. Broquette c. Dolfus (*le Droit*, 1848, 747).] 6° Que le *tribunal* de commerce est *compétent* pour juger de l'exploitation commerciale d'un brevet d'invention. — [12 févr. 1860, Paris, aff. Daniel c. Landois (*la Propr. industr.*, n° 164).

De la saisie et de la vente sur licitation. — 7° Qu'un brevet est un objet mobilier qui, d'après le droit commun et les art. 578 et 579 du Code de procédure, peut être frappé d'une *saisie-arrêt* comme les sommes d'argent. [28 avr. 1859, trib. civ. de la Seine, aff. Pinguet c. Larmanjat (*la Propr. industr.*, n° 81)]. 8° Que nul n'est tenu de rester dans l'indivision; qu'en conséquence, en cas de dissolution d'une société, les tribunaux peuvent ordonner, sur la demande d'un des as-

gistrement, accompagnée de l'extrait de l'acte ci-

---

sociés, la vente d'un brevet qui faisait l'objet de la société, aussi bien que toute antre chose tombée dans le commerce; que les tribunaux désignent alors le notaire par l'intermédiaire duquel la licitation aura lieu avec concours d'étrangers ; qu'ils fixent la mise a prix sur laquelle se fera la vente, précédée de la publicité usitée pour les ventes mobilières, et indiquent dans quel délai une seconde enchère aura lieu, dans le cas où la mise à prix ne serait pas offerte. Qu'enfin ils autorisent l'acquéreur a faire inscrire à son nom les divers brevets vendus [5 mars 1858, C. de Paris, aff. Brocard c. Pain (*la Propr. industr.*, n° 16)]. 9° Que lorsque deux associés offrent d'exploiter séparément le brevet qui faisait l'objet d'une société dissoute aujourd'hui, l'indivision cesse, et il n'y a pas lieu d'ordonner la vente par licitation du brevet. [3 juill. 1855, C. de Lyon, aff. Vicat c. Bouvarel (*Rép. de jurisp.*, *Huard*)]

Des cas où l'accomplissement des formalités est obligatoire. 10° Qu'en matière de cession de brevets d'invention, la loi du 5 juill. 1884 n'exige un acte authentique qu'autant qu'il s'agit de transférer à une *tierce personne* la propriété du brevet, qu'en conséquence, lorsque deux propriétaires se sont réunis pour prendre un brevet, ils peuvent ensuite, par acte sous seings privés, partager entre eux l'exploitation de ce brevet. [27 mai 1856. C. de Paris, aff. Langlois c. Lavergne (*Rép. de jurisp.*, *Huard*). 11° Que, lorsqu'un breveté, en entrant dans une société, s'est réservé la propriété de son brevet et n'en a cédé que la jouissance à la société, le brevet doit rester la propriété du titulaire, quelle que soit la cause de la dissolution de la société. Que la jouissance du droit ne peut, dans ce cas, être considérée comme une valeur sociale, et ne saurait être assimilée aux apports matériellement employés aux opérations commerciales et qui sont confondues avec ceux des autres associés. — [29 janv. 1842, C. de Paris,

dessus mentionné, sera transmise par les préfets

---

aff. Carville c. Moreau (*Rép. de jurisp., Huard*)]. 12° Qu'une *société* déjà propriétaire d'un brevet n'est pas tenue, lorsqu'elle se modifie ou se transforme, en gardant la même raison sociale, de remplir les formalités d'enregistrement; qu'elle peut, dès lors, nonobstant l'inaccomplissement de cette formalité, poursuivre les contrefacteurs. — [6 nov. 1854, C. de cass., aff. Chollet et Cie c. Chapuis et Loiseau)]. 13° Que l'apport d'un brevet dans une société commerciale entraîne une mutation de la propriété du brevet; que c'est une cession soumise, comme toute autre, à l'enregistrement prescrit par l'art. 20 de la loi de 1844. Qu'en conséquence et à défaut d'enregistrement, la société ne peut agir contre les tiers, en vertu du brevet qui lui a été apporté et elle n'a pas plus qualité pour continuer et reprendre en son nom l'instance commencée par le précédent propriétaire du brevet, que pour intenter elle-même une action nouvelle. Qu'il n'y aurait exception à ce principe que si la nouvelle société agissait en qualité de liquidateur de la société dissoute, qu'elle eût pris cette qualité dans les actes de la procédure et n'eût fait que continuer au même nom et dans le même intérêt l'instance même primitivement introduite [7 mai 1857, C. de cass., aff. Jakson c. Fontaine (*Gaz. des Trib.*)].

Du délai pour remplir les formalités. — 14° Que la loi n'a pas prononcé de *délai fatal* pour l'enregistrement des cessions de brevet. Qu'en conséquence, il suffit que cette formalité ait été accomplie avant la poursuite en contrefaçon pour servir de base à l'action correctionnelle [29 mars 1860, trib. de la Seine, aff. Lejeune c. Valles (*la Propr. industr.*, n° 137)]. 15° Que lorsqu'un brevet a été l'objet de cessions successives, il importe peu que plusieurs de ces cessions aient eu lieu sans l'accomplissement des formalités légales, si la dernière, en vertu de laquelle les poursuites sont dirigées, a été précédée du paiement de la totalité de la

au ministre de l'agriculture et du commerce, dans

---

taxe et enregistrée au secrétariat, et si ces formalités ont été accomplies avant les poursuites [26 mai 1855, 1855, C. de Paris, aff. Blondel et Cie c. Antrailles et autres (*Rép. de jurisp., Huard*). 16° Que celui qui a traité de la propriété d'un brevet avec un premier acquéreur, dont la cession n'aurait pas été enregistrée, peut régulariser les deux cessions en les faisant enregistrer en même temps (*même arrêt*). 17° Que les *cessions* de brevet, quoique *non authentiques*, ni précédées du paiement total de la taxe, ni enregistrées au secrétariat de la préfecture sont valables entre les contractants. Que les *tiers* à qui elles ne sont pas opposables ne peuvent les arguer de nullité. Qu'en conséquence, il suffit, pour avoir le droit de poursuivre en contrefaçon, d'avoir, au moment de l'action, un acte authentique précédé du paiement de la taxe et enregistré à la préfecture. Que le *défaut de paiement total de la taxe* avant la cession n'est pas une déchéance [17 déc. 1855, Rej. (*même affaire*).

Par qui peut être opposé l'inaccomplissement des formalités. 18° Que les formalités exigées par la loi, en cas de cession, ne concernent que l'intérêt des *tiers*; que la nullité qui résulte de leur inaccomplissement ne peut donc être invoqué utilement ni par le cédant, ni par le cessionnaire, ni par leurs représentants [20 novembre 1882, C. de cass., aff. héritiers Bérard c. Cabanis (*Rép. de jurisp., Huard*)]. 19° Que le *cessionnaire* d'un brevet d'invention ne peut opposer à son *cédant* l'inobservation des formalités exigées par la loi pour la validité de la cession. Que l'observation des formalités prescrites par la loi pour la cession des brevets, étant exigée dans l'intérêt des *tiers*, incombe au cessionnaire plus encore qu'au cédant [19 mars 1861, trib. civ. de la Seine, aff. Giro c. Dalifol (*la Propr. industr.*, n. 192)]. 20° Que les *tiers* dont parle l'art. 20 sont ceux qui ont des titres ou des droits à faire valoir contre la cession.

les cinq jours de la date du procès-verbal. (*Voir*

Que le *contrefacteur* n'ayant ni titre ni droit de cette nature, ne peut invoquer la nullité qui résulte du défaut d'enregistrement de la cession [4 janv. 1848, C. de Paris, aff. Hazard c. Cartaux (*Rép. de jurisp., Huard*)]. 21° Que, n'est pas *recevable* l'action en contrefaçon exercée par le cessionnaire d'un brevet, lorsque la *cession* n'a *pas* été *enregistrée* au secrétariat de la préfecture [23 déc. 1859, C. de Paris, aff. Masbon c. Caumont (*la Propr. industr.*, n° 106)]. 22° Que les prévenus de contrefaçon ont qualité pour se prévaloir contre le cessionnaire d'un brevet d'invention, de la nullité résultant du défaut d'enregistrement de la cession au secrétariat de la préfecture. Que la nullité d'une poursuite en contrefaçon, exercée par le cessionnaire du brevet d'invention avant l'enregistrement de la cession, n'est pas couverte par un enregistrement postérieur intervenu dans le cours de l'instance [5 avr. 1850, Rej., ch. crim.; aff. Mothes c. Raynal (Sirey, 1851, t. I, p. 76)].

Des effets attachés à l'accomplissement des formalités. — 23° Que lorsqu'un breveté a vendu, suivant acte notarié, son brevet à un tiers, l'acte fait foi jusqu'à *inscription de faux*; qu'ainsi, le breveté n'est pas recevable à faire la preuve, par témoins ou par lettres, que cet acte de cession était simulé et frauduleux [10 janv. 1860, trib. civ. de la Seine; aff. Fèvre c. Rouget de Lisle (*la Propr. industr.*, n° 112)].

Des conséquences de l'inaccomplissement des formalités. — 24° Que le contrefacteur n'est pas tenu de garantir le breveté des dommages-intérêts réclamés ou obtenus contre ce dernier, à raison de la contrefaçon, par un cessionnaire du brevet, dont le titre n'est ni notarié, ni enregistré et n'a pas été déposé au secrétariat de la préfecture [22 avril 1862, trib. corr. de la Seine; aff. Voisin contre Drouin (*la Propr. industr.*, n° 232).) — 25° Que le cessionnaire du seul droit d'exploiter une invention n'est pas recevable à intervenir

dans les notes ci-dessus (page 39) les règles prescri-

---

dans le procès suivi par son cédant contre un contrefacteur, losque la cession n'a pas été faite dans les formes prescrites par les art. 20 et 21 de la loi du 5 juill. 1844 [25 févr. 1860, C. de cass.; aff. Voisin c. Drouin (*la Propr. industr.*, n° 139)].

Du droit de tierce opposition. — 26° Que dans une instance en contrefaçon, le cessionnaire du brevet qui a intenté l'action est le représentant légal et l'ayant droit du breveté. Qu'il en est ainsi surtout lorsque l'acte de cession confère au cessionnaire le droit de propriété absolu du brevet et la faculté de poursuivre les contrefacteurs à ses frais, risques et périls. Qu'en conséquence le breveté cédant est non recevable à former tierce opposition à un jugement qui a renvoyé un prétendu contrefacteur des poursuites dirigées par son cessionnaire. Que cette fin de non-recevoir est fondée, alors même que le jugement qui a statué sur la poursuite en contrefaçon a prononcé la nullité du brevet [22 mai 1858, C. de Lyon; aff. Fouanel c. Julian (*la Propr. industr.*, n° 23)].

Du refus par le préfet d'enregistrer la cession. — 27° Que si le préfet refuse d'enregistrer la cession, le breveté est obligé d'engager une action contre le préfet, et il doit attendre qu'on ait statué sur cette action pour commencer sa poursuite en contrefaçon [12 mai 1849, C. de cass.; aff. Mothes-Lamouroux c. Laval et Raynal (*le Droit* 1849, 815)].

Licence.

« La licence consiste dans l'autorisation qu'un breveté « donne à un tiers, à titre onéreux ou à titre gratuit, « d'exploiter son brevet en totalité ou en partie, et ex- « clusivement ou concurremment avec d'autres per- « sonnes. La licence diffère de la cession partielle en « ce qu'elle n'attribue pas au tiers une part de la pro-

tes pour la forme et la rédaction des procès-verbaux de dépôt des actes de cession de brevets).

« priété sur le titre, ni un droit sur la chose. Les inté-
« ressés ne sont pas tenus de remplir les formalités
« spéciales prescrites pour les cessions; mais s'ils de-
« mandent que leur convention soit enregistrée en pré-
« sentant un extrait authentique d'un acte notarié il
» convient, comme pour les cas de mutations autres que
« les cessions, de satisfaire à cette demande sans exi-
« ger aucune autre production. » (*Circulaire ministérielle du* 30 *oct.* 1865).

« Le droit du porteur de licence lui est personnel. » C'est aux tribunaux qu'il appartient d'apprécier si la licence affecte le caractère d'une cession proprement dite ou d'une simple licence.

JURISPRUDENCE

Droit du licencié. — Il a été jugé notamment : 1° Que lorsqu'un breveté accorde à un tiers une *tolérance,* il n'y a pas transmission de brevet, malgré l'autorisation d'exploiter que le breveté a cédé, et que, par conséquent, il n'est pas nécessaire d'observer, pour la régularité du contrat, les formes indiquées par l'art. 20 [8 mars 1852, C. de cass.; aff. Lebrun-Bohmé c. Pecquiriaux (*le Droit* 1852, 58)]. — 2° Que celui qui n'a obtenu de l'inventeur qu'un simple droit d'exploitation du brevet n'est pas saisi d'un droit de propriété et n'a pas qualité pour poursuivre les contrefacteurs [Rej. 8 mars 1852, Pecquiriaux (*Dall.*, 52. 1. 80)]. — 3° Que le cessionnaire du droit d'exploiter un brevet d'invention ne peut ni intenter une action en contrefaçon ni intervenir dans cette action, surtout quand son titre n'a pas été enregistré à la préfecture, conformement à l'art. 20 de la loi du 5 juill. 1844 [Cass., 25 févr. 1860, Drouin (*Pataille,* 60. 213)]. — 4° Que le droit de poursuivre les contrefacteurs n'appartient qu'aux propriétaires du brevet, c'est-à-dire au breveté et à ceux à qui il aurait consenti ces-

ART. 21.

Il sera tenu au ministère de l'agriculture et du commerce un registre sur lequel seront inscrites

---

sion totale ou partielle dans les conditions et les formes des articles 20 et suivants; qu'il ne saurait donc être reconnu au porteur d'une simple licence, laquelle, à la différence de la cession, laisse subsister sur la tête du breveté la propriété du brevet [Rouen, 10 juin 1868, Carbonnier (*Pataille*, 69. 255)]. — 5° Que si le breveté est resté titulaire du brevet, et n'a cédé à l'acquéreur que le droit de se servir du procédé, l'usage cédé doit être, sauf stipulation contraire, limité à la *personne* à laquelle l'autorisation a été vendue, et cette personne ne peut elle-même le céder à d'autres [23 nov. 1854, trib. de Lyon, aff. Lesobre c. Bonnet-Loisel (*Rép. de jurispr., Huard*)]. — 5° Que la cession du droit d'exploiter exclusivement dans une localité déterminée un procédé breveté, constitue non un simple droit de licence, mais une cession véritable qui associe celui à qui elle est faite au monopole du breveté [Metz, 6 juill. 1865, Carbonnier (*Pataille*, 66. 416)]. — 7° Que la licence du droit d'exploitation, à titre *exclusif*, pour une localité ou pour un nombre de pays déterminés, entraîne, de la part du breveté, renonciation à exploiter par lui-même, dans ces localités, les procédés qui lui appartiennent, et à faire, dans ces mêmes lieux, de pareilles concessions; qu'une semblable licence renferme donc un démembrement de la propriété du brevet et constitue une cession partielle des droits qui en dérivent [trib. corr. Rouen, 1866, Carbonnier (*Pataille*, 66. 421)]. — *Voir jugement contraire*, Rouen, 18 juin 1868, Carbonnier (*Pataille*, 69. 225)].

Dépôt en nantissement d'un brevet.

Il a été jugé qu'un brevet peut être donné en nantissement, mais il n'y a pas lieu de faire enregistrer à la

les mutations intervenues sur chaque brevet, et, tous les trois mois, un décret proclamera, dans la forme déterminée par l'art. 14, les mutations enregistrées pendant le trimestre expiré (1).

Art. 22.

Les cessionnaires d'un brevet, et ceux qui auront acquis d'un breveté ou de ses ayants droit la faculté d'exploiter la découverte ou l'invention, profiteront, de plein droit, des certificats d'addition qui seront ultérieurement délivrés au breveté ou à ses ayants droit. Réciproquement, le breveté ou ses ayants droit profiteront des certificats d'addition qui seront ultérieurement délivrés aux cessionnaires.

---

préfecture l'acte constatant ce nantissement. — « Le « dépôt d'un brevet, à titre de nantissement, ne constituant pas une cession dans le sens de l'art. 20 de la « loi du 5 juill. 1844, il ne peut être tenu compte de l'en- « registrement à la préfecture, de l'acte constatant ce « dépôt, dans le décret proclamant les cessions enre- « gistrées ». (*Instructions ministérielles*).

(1) La liste des brevets cédés est publié au *Bull. des lois* (*Voir l'art.* 14 *ci-dessus*). En outre, le *Bull. offic. de la propr. industr. et commerc.*, publié sous la direction du ministère du commerce, et qui paraît chaque semaine, contient la liste des nouveaux brevets cédés. Ce bulletin qui a remplacé l'ancien *Catalogue des titres de brevets* peut être consulté à la préfecture de la Seine (Bureau des brevets d'invention), ainsi que le registre des procès-verbaux d'enregistrement des cessions de brevets passées par-devant notaires du département de la Seine.

Tous ceux qui auront droit de profiter des certificats d'addition pourront en lever une expédition au ministère du commerce, moyennant un droit de 20 francs (1).

SECTION V

COMMUNICATION ET PUBLICATION DES DESCRIPTIONS ET DESSINS DE BREVETS

ART. 23.

Les descriptions, dessins, échantillons et mo-

---

(1) (*Voir : pour les formalités à remplir en pareil cas l'art.* 23 *et les notes, voir aussi art.* 16 *et les notes correspondantes, ainsi que l'art.* 38).

JURISPRUDENCE

Il a été jugé notamment : 1° Que lorsqu'un breveté a cédé son brevet, il doit faire profiter son cessionnaire de tout brevet qu'il prend ensuite, si l'objet de ce nouveau brevet n'est qu'un *perfectionnement* de la première invention. [5 mai 1862, C. de Paris, aff. Buxtorf c. Boudin (*la Propr. industr.*, n. 231)]. — 2° Qu'il ne peut céder le nouveau brevet à un tiers (*même arrêt*)]. — 3° Que s'il a commencé par refuser au cessionnaire du premier brevet de le laisser jouir du second, et que s'il ne lni en fait offre qu'au cours de l'instance introduite par ledit cessionnaire, il doit être condamné à des dommages-intérêts pour réparation du préjudice causé par la tardivité de la livraison (*même arrêt*)]. — 4° Que le cessionnaire, profitant de plein droit des *certificats d'addition* ultérieurement délivrés au breveté, il en résulte que ledit cessionnaire a toujours le droit de poursuivre les contrefacteurs du *perfectionnement* comme ceux de l'invention. [4 déc. 1846, trib. civ. de la Seine, 4e chambre, aff. Petit-Huguenin c. Durost-Lagrange (*Rép. de jurispr., Huard*)].

dèles des brevets délivrés resteront, jusqu'à l'expiration des brevets, déposés au ministère du commerce, où ils seront consultés sans frais à toute réquisition.

Toute personne pourra obtenir, à ses frais, copie desdites descriptions et dessins, suivant les formes qui seront déterminées dans le règlement rendu en exécution de l'art. 50 (1).

---

(1) Ce règlement d'administration publique qui devait intervenir reste toujours à faire, des circulaires ministérielles seulement dont nous donnons les extraits dans cet ouvrage ont réglé jusqu'à présént l'application de la loi.

Les demandes de copies de descriqtion de brevets ou de certificats d'addition *non encore expirés*, devront être adressées au ministre du commerce et établies sur feuilles de papier timbré. *(Il est nécessaire de faire une demande spéciale pour chaque brevet ou certificat dont on désire la copie).*

On y indiquera exactement le numéro de délivrance, la date du dépôt et le titre du brevet dont il s'agit. On devra joindre à l'appui de cette demande un récépissé de la somme de 25 francs, préalablement versée à la recette centrale, s'il s'agit d'un brevet (*art.* 11) ou de la somme de 20 francs s'il s'agit d'un certificat d'addition (*art.* 22, § 2).

Quant aux dessins, le demandeur devra les exécuter lui-même au ministère ou bien envoyer un mandataire pour exécuter ce travail à ses frais (*art.* 11, § 6).

On ne pourrait obtenir de copies de brevets non encore délivrés, les brevets restant secrets jusqu'a la signature des titres par le ministre du commerce.

On a droit, comme pour les taxes d'annuités de brevets, ou de certificats d'addition, au remboursement des taxes de copies de brevets ou de certificats au cas où l'on renoncerait, après versement, à demander lesdites copies. Il y a lieu de remplir les mêmes formalités que

Art. 24.

Après le paiement de la deuxième annuité, les descriptions et dessins seront publiés, soit textuellement, soit par extrait (1).

Il sera, en outre, publié, au commencement de chaque année, un catalogue contenant les titres

---

pour les remboursements d'annuités, en joignant à la demande le récépissé. (*Voir la note de l'art.* 13).

(1) Les brevets dont la deuxième annuité n'a pas été payée ne figurent généralement pas dans ce catalogue. — On ne peut en consulter les descriptions et les dessins qu'au ministère du commerce où les pièces restent déposées jusqu'à l'expiration du délai pour lequel ces brevets ont été délivrés, délai passé lequel, les documents sont transmis au conservatoire des arts et métiers. (*Voir à la note de l'art.* 26 *les formalités à remplir pour obtenir la copie de brevets expirés*).

Dans la collection des descriptions et dessins publiée par le ministère du commerce « les brevets sont classés « en 20 groupes divisés chacun en un certain nombre de « catégories se rapportant plus particulièrement à des « industries, soit de même genre, soit concourant à un « même genre de brevet. Chacune de ces catégories est « l'objet d'une publication spéciale sous forme de fasci- « cules comprenant un texte et des planches suivant les « besoins. Ces fascicules se vendent séparément; le « prix en est fixé d'après le nombre de feuilles d'impres- « sion et de planches, soit 0 fr. 40 c. par feuille et planche. « Il varie de 0 fr. 20 c. à 14 fr. — Ces fascicules sont « réunis en volumes qui se vendent 15 francs. — La « vente des fascicules et des volumes est confiée à l'im- « primerie nationale, rue Vieille du Temple 87 ». (*Circulaire ministérielle du* 24 *juin* 1875).

des brevets délivrés dans le courant de l'année précédente (1).

ART. 25.

Le recueil des descriptions et dessins, et le catalogue publiés en exécution de l'article précédent, seront déposés au ministère du commerce, et au secrétariat de la préfecture de chaque département, où ils pourront être consultés sans frais.

ART. 26.

A l'expiration des brevets, les originaux des descriptions et dessins seront déposés au Conservatoire des arts-et-métiers (2).

---

(1) Ce catalogue a été remplacé depuis le 1er janv. 1884, par une feuille hebdomadaire intitulée « *Bulletin officiel de la propriété industrielle et commerciale* » paraissant tous les jeudis. Ce bulletin, publié sous la direction du ministère du commerce, contient : 1° les actes législatifs et les actes de jurisprudence relatifs aux brevets d'invention et aux marques de fabrique et de commerce émanés, soit de la France, soit des pays étrangers ; 2° les titres des brevets d'invention et certificats d'addition dernièrement délivrés et classés par groupes et par catégories de groupes ; 3° les cessions de brevets d'invention enregistrées aux diverses préfectures et dernièrement parvenues au ministère du commerce ; 4° enfin les marques de fabrique et de commerce déposées conformément à la loi du 23 juin 1857 et récemment reçues au ministère du commerce.

(2) Il n'y a pas lieu de verser la taxe prescrite par l'art. 11, § 5 pour obtenir la copie de brevets expirés. Il suffit pour cela de se rendre ou d'envoyer un mandataire au conservatoire des arts et métiers pour prendre ou faire prendre la copie dont il s'agit, copie que l'on devra faire

TITRE III

DES DROITS DES ÉTRANGERS

ART. 27.

Les étrangers pourront obtenir en France des brevets d'invention (1).

ART. 28.

Les formalités et conditions déterminées par la présente loi seront applicables aux brevets demandés ou délivrés en exécution de l'article précédent.

ART. 29.

L'auteur d'une invention ou découverte déjà brevetée à l'étranger pourra obtenir un brevet en France, mais la durée de ce brevet ne pourra excéder celle des brevets antérieurement pris à l'étranger (2).

---

certifier conforme par le directeur du conservatoire des arts et métiers.

(1) « Les dispositions de la loi s'appliquent indistincte- « ment à tous les inventeurs français ou étrangers, la « loi ne fait aucune différence entre les uns et les autres « et respecte le droit des inventeurs sans distinction de « nationalité ». (*Circulaire ministérielle du* 1er *oct.* 1844).

(2) Aussi est-il nécessaire de déclarer exactement, lors du dépôt du brevet français, la date de la patente anglaise précédemment prise pour le même objet et dont la durée est de 14 ans seulement ou la date précise du brevet allemand d'une durée égale à celle du brevet français. « On ne devra pas perdre de vue qu'aux termes « de l'art. 31; *ne sera pas réputée nouvelle toute décou-*

« *verte invention ou application, qui, en France ou à* « *l'étranger, et, antérieurement à la date du dépôt de la* « *demande, aura reçu une publicité suffisante pour pou-* « *voir être exécutée.* Ces dispositions ont remplacé celles « qui, sous la législation antérieure, réglaient ce qui était « relatif aux brevets d'importation désormais suppri- « més. » (*Circulaire ministérielle du* 1er *octobre* 1844). — Le breveté étranger qui voudra prendre un brevet Français pour la même invention devra profiter du temps pendant lequel son invention aura été réputée secrète dans son pays, pour effectuer le dépôt de sa demande de brevet en France. (*Voir l'art.* 6, § 2 *et la note relative à la durée du brevet*). — Toutefois, d'après « *la convention internationale pour la protection de la* « *propriété industrielle et commerciale* » conclue a Paris, le 20 mars 1883, entre la France, la Belgique, le Brésil, l'Espagne, le Guatemala, l'Italie, les Pays-Bas, le Portugal, le Salvador, la Serbie et la Suisse, et constituant une *union internationale pour la protection de la propriété industrielle,* union restée ouverte aux autres états, celui qui aura fait régulièrement le dépôt d'une demande de brevet d'invention, d'uu dessin ou modèle industriel, d'une marque de fabrique ou de commerce dans l'un des états contractants, jouira, pour effectuer le même dépôt dans les autres états, d'un droit de priorité pendant des délais déterminés, qui ne sera pas affecté par la publicité donnée pendant ce délai, à l'objet du dépôt (*soit notamment par un autre dépôt, par la publication de l'invention ou son exploitation par un tiers, par la mise en vente d'exemplaires du dessin ou du modèle, par l'emploi de la marque*).

« Aux termes de l'art. 4 de ladite convention, § 3 : « *les* « *délais de priorité mentionnés ci-dessus seront de six* « *mois pour les brevets d'invention et de trois mois* « *pour les dessins et modèles industriels ainsi que pour* « *les marques de fabrique et de commerce. Ils seront* « *augmentés d'un mois pour les pays d'outre mer* ». Aux termes de l'art. 5 : « *l'introductian, par le breveté, dans*

« *le pays où le brevet a été délivré, d'objets fabriqués* « *dans l'un ou l'autre des états de l'Union, n'entraîne* « *pas la déchéance. Toutefois, le breveté restera soumis* « *à l'obligation d'exploiter son brevet conformément aux* « *lois du pays où il introduit les objets brevetés* ». Cette convention, à laquelle ont adhéré depuis la Grande-Bretagne, l'Équateur et la régence de Tunis, a été ratifiée à Paris le 6 juin 1884. Un decret du 6 juillet suivant a prescrit la promulgation de cette convention. (*Voir cette convention reproduite en entier* (*page* 119) *avec la circulaire ministérielle interprétative, voir aussi la législation étrangère actuellement en vigueur sur les brevets d'invention ainsi que la jurisprudence française et étrangère en cette matière dans le bulletin de la propriété industrielle et commerciale dont nous parlons à la note* 2 *de l'art.* 24).

Le brevet français expire lorsque le brevet étranger prend fin lui-même pour quelque cause que ce soit. — Le titulaire du brevet étranger ou son *ayant droit* peut seul se faire breveter *valablement en France.* (*Voir plus bas la jurisprudence*).

« Les brevets pris en France avant le 2 mars 1871 « conservent leur valeur en Alsace-Lorraine moyennant « le paiement de la taxe *en France seulement,* ils conti- « nuent a être régis par la loi française.» (*Voir* (*page* 116), *la convention additionnelle au traité de paix du 10 mai* 1871 *entre la France et l'Allemagne et son protocole de clôture*).

JURISPRUDENCE

Il a été jugé notamment : 1° Que bien que l'art. 29 n'accorde qu'à celui qui s'est fait breveter à l'étranger la faculté d'obtenir en France un brevet d'invention d'une durée qui ne peut excéder celle du brevet étranger, ce droit peut être exercé par les *héritiers* ou ayants cause de l'inventeur. [24 mars 1860, rej., aff. Brunfant c. la société de Denain et d'Anzin (*la Propr. industr.*, n. 123)]. — 2° Qu'un brevet pris ainsi par un héritier ou un ayant cause est valable, bien que le titulaire

TITRE IV

DES NULLITÉS ET DÉCHÉANCES ET DES ACTIONS Y RELATIVES

SECTION Ire

DES NULLITÉS ET DÉCHÉANCES

Art. 30.

Seront nuls et de nul effet les brevets délivrés dans les cas suivants (1), savoir :

1° Si la découverte, invention ou application n'est pas nouvelle (2).

---

n'ait ni rappelé dans sa demande le brevet étranger, ni indiqué en quelle qualité il agissait, (*sol. impl.*) même arrêt.

(1) « Les dispositions restrictives qui suivent, protégées « par la sanction pénale d'une nullité absolue ont été « placées, pour leur observation, sous l'autorité répres- « sive des tribunaux ». (*Circulaire ministérielle du* 1er *oct.* 1844).

Tout brevet déclaré nul est réputé n'avoir jamais eu d'existence légale. La nullité peut être totale ou partielle seulement, absolue ou relative.

(2) *Voir aussi l'art.* 2 *et les notes ainsi que l'art* 11 *et la note relative à la consultation des antériorités pouvant entacher l'invention du défaut de nouveauté* (*page* 25), *voir enfin l'art.* 31 *ci-après et l'art.* 40).

JURISPRUDENCE

Défaut de nouveauté. — Il a été jugé notamment : 1° Que lorsqu'une invention se compose de la réunion d'éléments divers, il suffit, pour qu'elle soit brevetable, que quelques-uns de ces éléments soient nouveaux [21 mars 1860, trib. civ. de la Seine, aff. Légé et Piron-

2° Si la découverte, invention ou application n'est pas, aux termes de l'art. 3, susceptible d'être brevetée (1).

3° Si les brevets portent sur des principes, méthodes, systèmes, découvertes et conceptions théoriques ou purement scientifiques dont on n'a pas indiqué les applications industrielles (2);

---

net c. Legendre (*la Propr. industr.*, n. 126)]. — 2° Que si l'objet décrit dans ce brevet n'est pas nouveau, le brevet ne peut être validé par la nouveauté des détails consignés dans le certificat d'addition [7 juill. 1854, trib. de Paris, aff. Lefranc c. Blanchon (*Rép. de jurispr., Huard*)]. — 3° Qu'on ne peut refuser de prononcer la nullité d'un brevet en s'appuyant sur ce motif que celui qui la demande s'est fait lui-même breveter postérieurement pour une invention identiquement semblable. — Ce serait faire une exception qui n'est pas dans la loi [4 juin 1839, C. de cass., aff. Lambert c. Pocquet (*Rép. de jurispr., Huard*)]. — 4° Que lorsqu'un brevet contient des parties non brevetables et d'autres qui le sont, les tribunaux saisis de la nullité du brevet peuvent en prononcer la nullité partielle [9 juill. 1855, C. de Paris, aff. Mallet c. Cavaillon (*le Droit*, 1855, 172)]. — Qu'un bren'est pas un titre indivisible et peut être déclaré nul *parte in quâ*, notamment en ce qui touche tel objet qui n'est pas nouveau [4 mars 1856, rej., aff. Mallet c. Cavaillon (*le Droit*)].

(1) (*Voir aussi l'art.* 37).

(2) (*Voir les prescriptions de l'art.* 2 *et celles de l'art.* 11). (*Voir aussi la jurisprudence ci-après.*)

JURISPRUDENCE

Principes, méthodes, systèmes. — Il a été jugé notamment : 6° Que *l'idée abstraite* n'est point brevetable en elle-même, qu'elle ne le devient que par sa réalisation [23 juin 1860, C. de Lyon, aff. Vignet c. Gantillon (*la Propr. industr.*, n. 88 et 159)]. — 7° Que toute invention

4° Si la découverte, invention ou application est reconnue contraire à l'ordre ou à la sûreté publique, aux bonnes mœurs ou aux lois, sans préjudice, dans ce cas et dans celui du paragraphe précédent, des peines qui pourraient être encourues pour la fabrication ou le débit d'objets prohibés (1);

5° Si le titre sous lequel le brevet a été demandé

---

qui ne donne pas un résultat matériel et vénal ne peut servir de base à un brevet. Qu'ainsi est nul le brevet pris pour la méthode Lafforienne, ayant pour objet *l'enseignement de la lecture* [12 juin 1830, C. de Paris, aff. Augier c. Cheynet (*Rép. de jurispr., Huard*)]. Jugé de même pour la calligraphie [15 juin 1842, C. de cass]. De même pour une méthode de lecture [22 août 1844. C. de cass.]. — 8° Que l'obtention d'un résultat industriel ne peut être breveté, indépendamment des moyens employés pour l'obtenir [4 févr. 1848, C. de cass., aff. Roche c. Angelin (*Rép. de jurispr., Huard*)]. — 9° Que l'art. 30 suppose la validité des brevets de principe, puisqu'il n'en prononce la nullité qu'autant qu'ils ne contiennent pas l'indication d'une application industrielle [30 mars 1846, C. de Douai, aff. Jourdan c. Descat-Crouzet (*Rép. de jurispr., Huard*)]. [15 juill. 1847, C. de Paris, aff. Poret-Blanchard c. Nicolle et Fimbert (*Rép. de jnrispr., Huard*)]. [19 août 1853 C. de cass., aff. Maréchal c. Tussand-Marquette (*le Droit*, 1853, 196)].

(1) *Inventions contraires aux lois.* — Il a été jugé notamment : 10° Qu'un brevet est valable bien que celui qui l'a obtenu n'ait pas les qualités requises pour l'exploiter. Qu'ainsi un brevet pris pour un procédé de fabrication des capsules gélatineuses ne saurait être considéré comme nul, parce que l'inventeur qui s'est fait délivrer ce brevet n'est pas pharmacien [14 nov. 1848, C. de Paris, aff. Mothes et Lasalle c. le ministère public (*Rép. de jurispr., Huard, voir aussi l'art.* 37)].

indique frauduleusement un objet autre que le véritable objet de l'invention (1);

6° Si la description jointe au brevet n'est pas suffisante pour l'exécution de l'invention, ou si elle n'indique pas, d'une manière complète et loyale, les véritables moyens de l'inventeur (2);

---

(1) (*Voir l'art.* 6, § *3 et l'art.* 11, *voir aussi l'art.* 37).

JURISPRUDENCE

Titre frauduleusement inexact. — Il a été jugé notamment : 11° Que l'inexactitude du titre d'un brevet ne suffit pas pour annuler le dit brevet. Qu'il faut, pour entraîner cette nullité que le titre ait été frauduleusement rédigé, d'une manière inexacte [11 janv. 1860, trib. civ. de Lyon, aff. Martin c. Guinon (*la Propr. industr.*, n. 111)].

(2) Voir aussi les art. 6 et 11.

JURISPRUDENCE

Insuffisance de la description.—Il a été jugé notamment : 12° Qu'un brevet, pour être valable, doit énoncer avec clarté et précision l'objet de l'invention [21 janv. 1860, C. de Paris, aff. Rhodé c. Boyer et Roux (*la Propr. industr.*, n. 180)]. — 13° Que tout brevet est nul si la description qui y est jointe n'indique pas d'une manière complète et loyale les véritables moyens de l'inventeur, qu'il est juste en effet, qu'en échange du privilège qu'elle accorde, la société, à la cessation du brevet, soit mise en possession de tout ce qui constitue l'invention brevetable [29 janv. 1859, C. de Douai, aff. Delattre c. Delaunay (*la Propr. industr.*, n. 66)].

14° Que le législateur n'a pas voulu contraindre l'inventeur à entrer dans des détails secondaires presque toujours susceptibles de modifications dans la pratique; il a seulement voulu que la désignation fût assez précise pour que l'exécution de l'invention fût possible au simple ouvrier s'il s'agissait de choses de sa compétence, à l'homme de l'art, s'il s'agissait d'opérations d'un certain ordre [26 nov. 1857, C. d'Amiens, aff. Planque c. Cauchin (*Rép. de jurisp., Huard*)]. — 15° Que la description d'un brevet est suffisante, bien qu'elle ne soit intelligible que pour les gens du métier [16 déc. 1857, trib. civ. de la Seine; aff. Cottin-Laurier c. Allaire (*la Propr. industr.*, n° 2)]. — 16° Que celui qui prétend avoir inventé, non un procedé nouveau, mais un produit nouveau, est moins que personne obligé à une description minutieuse de la machine dont il se sert [17 juin 1856. C. de Douai, aff. Delacour c. Rolland (*Rép. de jurisp., Huard*)]. — 17° Que les tribunaux doivent déclarer une description suffisante, alors même que le mémoire descriptif aurait pu incontestablement être mieux libellé, si d'ailleurs on y rencontre tous les éléments constitutifs de l'invention revendiquée, et s'il est constaté qu'il était très facile, pour toute personne versée dans l'industrie dont il s'agit, d'apprécier, sans indication particulière, le nouveou mode de montage et d'emploi du métier [16 août 1859, C. de Douai, aff. Pearson et Topham c. Mullier (*la Propr. industr.*, n°s 76 à 103)]. — 18° Que dès lors, les brevetés ne sont pas tenus d'en effectuer une description particulière, description inutile pour les fabricants et impossible à l'égard des personnes étrangères à la fabrication, en raison de la complication des métiers employés (même arrêt)]. — 19° Qu'un brevet est valable, si la description, bien qu'incomplète, est suffisante pour l'application du procédé breveté (1er juill. 1859, C, d'Amiens, aff. Bourdon c. Lefebvre-Rouillard (*la Propr. indust.*, n° 81)]. — 20° Que des erreurs de rédaction, quand elles sont manifestes, ne peuvent entraîner la nullité du brevet, pour insuffisance de description [16 août 1859, C. de Douai, aff. Pearson et Topham c. Mullier (*la Propr. indust.*, n°s 76 à 103)]. — 21° Que ce n'est pas le titre seul, mais le titre, les dessins et la description qu'il faut combiner pour fixer la limite de l'invention [28 juin 1854, C, de Rouen, aff. Sax c. Roux (*le Droit*, 1854, 98)], — 22° Que bien que la description jointe au brevet soit muette sur la forme revendiquée par l'inventeur, cette forme doit lui être réservée si elle ressort clairement des dessins joints a la demande du brevet, et si elle est d'ailleurs brevetable aux termes de l'art. 2 de la loi de 1844 [24 juin 1858, C. de Paris, aff. Mutelle c. Lasson (*la Propr. indust,*, n° 34)]. — 23° Que lorsqu'une description ne peut être comprise qu'à l'aide d'échantillons déposés avec la demande du brevet, et que ces échantillons ont été perdus au ministère, le brevet doit être déclaré nul pour insuffisance de description. En d'autres termes, la perte des échantillons déposés préjudicie au breveté seul [29 janv. 1859, C. de Douai, aff. Delattre c. Delaunay (*la Propr. indust.*, n°s 46 et 66)]. — 24° Qu'un brevet qui, envisagé isolément, serait nul pour insuffisance de description, ne peut pas être validé par la description complémentaire contenue dans le certificat d'addition [1er juill. 1859, C. d'Amiens, aff. Bourdon, c. Lefebvre-Rouillard (*la Propr. indust.*, n° 81)]. — 25° Qu'un certificat d'addition ne saurait suppléer à l'insuffisance de la description du brevet principal, ni racheter sa nullité, alors surtout qu'il n'a été pris que seize mois après le brevet [9 déc. 1858, C. de Paris, aff. Cominal c. Maheu (*la Prop. industr.*, n° 58)]. — 26° Que l'*inexactitude de la description* entraîne la nullité du brevet, aussi bien que l'insuffisance de la description [8 févr. 1861, C. de Douai, aff. Bouchart-Florin c. Harinkouk *la Prop. indust.*, n° 168)]. — 27° Qu'il y a lieu de déclarer un brevet nul par cela seul que la description est insuffisante et sans même qu'il soit nécessaire d'établir que le breveté a volontairement dissimulé ses moyens d'exécution [29 nov. 1859, Cass., aff. Probst et Cie c. Frand (*la Propr. indust.*, n° 117)]. — 28° Que lorsque le brevet est pris pour un produit, la description doit être déclarée suffisante, alors même qu'elle n'indiquerait pas tous les procédés

7° Si le brevet a été obtenu contrairement aux dispositions de l'art. 18 (1).

Seront également nuls et de nul effet les certificats comprenant des changements, perfectionnements ou additions qui ne se rattacheraient pas au brevet principal (2).

à l'aide desquels ledit produit peut être obtenu [31 août 1860, trib. civ. de la Seine, aff. Renard c. Monnet et Dury (*la Propr. indust.* n° 143)]. — 29° Que bien qu'un brevet n'exprime pas spécialement dans son titre ou dans sa conclusion que tel élément est particulièrement revendiqué comme constitutif de l'invention, cet élément n'en est pas moins valablement breveté, s'il est visé dans le cours de la description de manière à être suffisamment compris [22 janv. 1855, trib. de Saint-Etienne, aff. Debrye c. Ballefin (*Rép. de jurispr., Huard*)]. 30° Que le breveté a un droit de propriété exclusive sur les résultats, même non prévus par lui, qui sont un effet nécessaire du procédé breveté [24 juin 1858, C. de Paris, aff. Mutelle c. Lasson (*la Propriété indust.*, n° 34)].

(1) (*Voir les notes de l'art.* 18 *et, notamment, la jurisprudence de cet art. n°* 5).

(2) La nullité du brevet entraîne de plein droit la nullité du certificat d'addition qui s'y rattache.

JURISPRUDENCE

Certificats d'addition ne se rattachant pas au brevet. — Il a été jugé notamment : 1° Que les juges du fait décident souverainement si l'organe ajouté s'applique à l'invention principale, ou s'il constitue une invention distincte [5 janv. 1868, rej., aff. Vandamme c. Wanner (*la Propr. indust.*, n° 10)]. — 2° Que le certificat d'addition peut être pris pour un objet ajouté au brevet, pourvu que cet objet ait pour but d'arriver au même résultat industriel que l'invention consignée dans le

ART. 31.

Ne sera pas réputée nouvelle toute découverte, invention ou application qui, en France ou à l'étranger, et antérieurement à la date du dépôt de la demande, aura reçu une publicité suffisante pour pouvoir être exécutée (1).

---

brevet principal [15 mars 1855, C. de Paris, aff. Charageat c. Abadie (*Rép. de jurisp., Huard*)].— 3° Que la loi, en rappelant avec soin les mots *addition, changements, perfectionnements*, a fait voir clairement qu'elle entendait permettre à l'inventeur de prendre un certificat d'addition pour tout ce qui se rattacherait de près ou de loin au brevet principal. En disant qu'il y aurait nullité et déchéance au cas où les perfectionnements ne se rattacheraient pas au brevet principal, elle n'a voulu annuler que les additions n'ayant aucun rapport à l'idée première brevetée. Il est donc impossible d'en faire application à celui qui dans son certificat d'addition, a fait connaître des moyens d'exécution ayant le même but, conduisant au même effet industriel, et produisant absolument les mêmes résultats que ceux déja indiqués dans le brevet principal [31 mars 1846, C. de Douai, aff. Depouilly c. Descat-Crouzet (*Rép. de jurisp., Huard*).

(1) (*Voir l'art.* 11 *ainsi que l'art.* 29 *et la note relative au délai de priorité réservé à toute personne brevetée dans l'un des états de l'Union internationale pour prendre le même brevet dans un autre de ces états* (*art.* 4 *de la convention internationale pour la protection de la propriété industrielle*). *Voir également l'art.* 40 *et enfin l'art.* 18 *et la note du* § 3 *de cet article* (*Jurisp., n°* 3), *en ce qui concerne la publicité par le breveté principal, avant le dépôt, du certificat d'addition pris dans la première année du brevet auquel il se rattache.*)

JURISPRUDENCE

Preuve du défaut de nouveauté. — Il a été jugé notamment : 1° Q'en matière de contrefaçon, lorsque le prévenu prétend que le procédé breveté avait antérieurement reçu une publicité suffisante, et qu'ainsi le brevet doit être déclaré nul par application de l'art. 31 de la loi du 5 juillet 1844, c'est à lui qu'il incombe de justifier son allégation [23 mai 1857, rej., aff. Gache c. Gérin et Masson (*le Droit*, 1857, 123)]. — 2° Que le breveté, plaignant en contrefaçon, n'a point à faire la justification de la nouveauté de son invention, c'est au prévenu de prouver contre le brevet, lequel constitue un titre au profit du plaignant [28 janv. 1869, C. de Paris, aff. de Bergue c. les Compagnies d'Orléans, de Lyon et de l'Ouest (*la Propr. indust.*, n° 115)].— 3° Que l'antériorité doit être prouvée d'une manière certaine pour que la déchéance soit prononcée; de simples probabilités ne suffiraient pas pour entraîner cette solution [21 mars 1860, trib. civ. de la Seine, aff. Gillet c. Quinet (*la Propr. indust.*, n° 123).

4° Que le prévenu de contrefaçon peut prouver un fait d'antériorité aussi bien par des dépositions de *témoins* que par la production de pièces imprimées [31 janv. 1862, C. de Paris, app. corr., aff. Salomon c. Hurby (*la Propr. industr.*, n. 219)].

De l'usage personnel antérieurement au brevet. 5° Que celui qui soutient le défaut de nouveauté précise suffisamment les faits d'antériorité quand il offre de prouver que tels individus se sont servis, et que lui-même a employé le procédé avant la demande de brevet [30 mars 1849, C. de cass., aff. Wirtz-Meunier c. Godefroid-Muller [S. V. 50. 1. 70]. 6° Que l'emploi fait par un individu isolé, pour son usage personnel et exclusif, d'un procédé breveté ultérieurement, ne contient pas en lui-même des conditions de publicité suffisantes pour entraîner la nullité de ce brevet [12 nov. 1856, C. de Dijon, aff. Domingo c. Martin (*Rép. de jurisp.*, *Huard*)]. 7° Que pour échapper aux pensées de la contrefaçon, il n'est pas indispensable que le prévenu justifie que l'invention brevetée a reçu, avant la demande du brevet, la publicité dont parle l'art. 31; il lui suffit de prouver qu'il a exercé le procédé avant le dépôt de cette demande [16 déc. 1856. C. de Nancy, aff. Baudot c. Lizer (*Gaz. des Trib.*, 1857, 8 mai)] 8° Que : doit être déclaré contrefacteur, celui-là même qui possédait l'invention avant qu'elle fût brevetée, s'il ne l'a pas divulguée avant le brevet, et si le breveté est le premier qui l'ait introduite dans le commerce [21 mai 1847, C. de Paris, aff. Lejeune c. Parvilley (*le Droit*, 5 juin 1847)]; 19 août 1853, C. de cass., aff. Thomas Laurens c. Riant (*Gaz. des Trib.*, 1853, 20 août), 9° *Contrà.* Que le brevet, dans le cas ci-dessus est valable contre tous, excepté contre celui qui, ayant le premier possédé le procédé, doit être maintenu dans sa possession [30 mars 1849, C. de cass., aff. Witz-Meunier c. Godefroy-Muller [S V. 50. 1. 70].

Essais antérieurs. 10° Qu'un produit n'est pas brevetable quand il a déjà été fait; peu importe qu'il n'ait pas présenté d'abord le degré de perfection que la pratique devait nécessairement amener [9 mars 1859, trib. civ. de Troyes, aff. Gillet c. Berthelot (*la Propr. industr.*, n° 75)]. 11° Que de ce qu'une invention a pu donner l'idée d'une autre, on ne saurait conclure que cette dernière ne soit pas brevetable ; un essai infructueux peut faire naître la pensée d'une invention heureuse, et il n'est pas une invention qui ne soit en germe dans un procédé antérieur [8 mars 1862, C. de Lyon, aff. Monnet c. Martinier (*la Propr. industr.*, n. 244)] 12° Que l'application d'une idée industrielle demeurée à l'état de simple essai ne suffit pas pour mettre obstacle a l'obtention d'un brevet; mais il en est autrement lorsqu'il est constaté que des commandes ont été faites au fabricant contre lequel est exercé une action en contrefaçon, et qu'il résulte de l'ensemble des faits que ces commandes ont été suivies d'exécution [23 févr. 1856, aff. Delaville c. Pelletier fils (*le Droit*, 1856, 47)].

Données scientifiques. 13° Que l'usage industriel d'une invention peut seul lui enlever son caractère de nouveauté. Que l'invention conserve ce caractère tant qu'elle n'a été divulguée que théoriquement par des travaux scientifiques [9 mars 1848, C. d'appel de Paris, aff. Christofle c. Roseleur (*Gaz. des Trib.*, 26 mars)]. 14° Est brevetable celui qui, le premier, a livré au commerce une substance et qui en a le premier indiqué l'emploi industriel, alors même que cette substance avait été aperçue par des chimistes qui, dans des expériences de laboratoire, l'avaient rencontrée sans l'isoler, sans en avoir constaté les propriétés industrielles et sans s'être attachés à la façon de la produire d'une manière certaine et utile [9 août 1862, trib. civ. de la Seine, aff. Renard c. Gerber, Keller et autres (*la Propr. industr.*, n. 242)]. En vain on prétendrait qu'une pareille interprétation tendrait à dépouiller la science au profit de l'industrie; cette distinction est dans la loi et dans la nature des choses; la science tend à développer les connaissances utiles, à faire progresser les arts et l'industrie; en chimie surtout elle fait souvent des observations et des constatations, sans s'occuper des résultats industriels qu'elle pourrait produire, ne s'y arrêtant pas, ne les formulant pas, ne les complétant pas, ouvrant la porte à tous et trouvant sa gloire dans les avantages que les autres en retirent; l'industrie, au contraire, se borne à produire, profitant des voies qui lui sont ouvertes par la science et offrant à la société des résultats que la loi sur les brevets a pour objet de protéger uniquement (*même décision*).

Du degré de similitude nécessaire entre l'antériorité opposée et l'invention brevetée. — Il a été jugé notamment : 14° Que les rapprochements des divers fragments d'inventions recueillis dans la publication des brevets expirés ne peuvent constituer des antériorités [11 févr. 1859, trib. corr. de la Seine, aff. de Coster c. la compagnie du Nord (*la Propr. industr.*, n° 153. 15° Qu'il n'est pas de brevet qui pourrait résister à un tel mode d'examen. Qu'on trouverait toujours dans les choses précédemment imaginées des analogies et des approximations qui se rapprocheraient plus ou moins des mécanismes brevetés. Qu'admettre un tel système d'application serait prononcer l'annulation générale de tous les brevets [13 juill. 1861, C. de Paris, (app. corr.), aff. de Coster c. Hermann (*la Propr., industr.*, n. 212)]. 16° Qu'il ne suffit pas pour établir qu'une invention n'est pas nouvelle, de prouver que, antérieurement au brevet, on connaissait quelques-uns des moyens employés par l'inventeur, ou même que tous ses moyens pris isolément étaient connus; qu'il faut que cette connaissance antérieure de l'objet du brevet soit prouvée par l'ensemble de la découverte, telle qu'elle est détaillée dans la description [24 déc. 1829, C. de cass., aff. Windsor c. Wilson (*Rép. de jurispr., Huard*)]; 20 janv. 1847, C. de Paris, aff. Jourdan c. Colomb-Lalan (*Rép. de jurispr., Huard*)]; 2 mai 1851, C. de cass., aff. Thomas Laurens c. Dubu (S. V. 52. 1. 65)]; 17 janv. 1852, C. de cass., aff. Rohl-Leyrig c. Crespel Delisle (S. V. 52. 1 66)]. [5 févr. 1853, C. de cass., aff. Briet c. Danglet (*Gaz. des Trib.*, 1853, 6 févr.)] 17° Qu'il ne suffit pas, pour détruire le caractère de nouveauté d'un produit, de prouver qu'en suivant telle formule publiée avant le brevet, il était possible de le fabriquer, il faut encore qu'il soit établi que l'auteur de ladite formule avait eu, à l'époque où il l'a trouvée, la pensée de s'en servir pour obtenir le produit en question [2 déc. 1859, Cass., aff. Popelin-Ducarre c. Bard et Coudert (*la Propr. industr.*, n. 106)]. 18° Que bien qu'un procédé ne soit pas l'objet exclusif d'un brevet, ce brevet n'en constitue pas moins une antériorité qui s'oppose à ce que ce procédé soit protégé de nouveau par un brevet, si réellement l'idée principale se trouve d'une manière incontestable dans le brevet antérieur [22 nov. 1859, C. de Paris, aff. Bienbar et Simon c. Brisse (*la Propr. industr.*, n° 104)].

Des brevets pris antérieurement soit en France soit à l'étranger. — (Voir toutefois pour certains pays la nou-

velle convention internationale pour la protection de la propriété industrielle qui réserve un délai de priorité à l'inventeur principal breveté dans l'un des pays de l'union pour prendre le brevet dans un autre de ces pays). Il a été jugé notamment : 19° Qu'en général une invention a cessé d'être nouvelle par le seul fait d'un brevet antérieur, qu'alors même que ledit brevet n'a point été publié et n'a existé qu'à l'état de demande, laquelle aurait été retirée avant la délivrance [14 juill. 1848, C. de cass.; aff. Jordery c. Hayem (*Pat*, 1849. 2289)]. — 20° Que cependant, dans ce dernier cas, la cour de Paris a déclaré qu'une demande en concession de brevet, antérieure a celle du brevet en litige, n'ôtait point à ce dernier sa validité, dès qu'il est constant que cette demande a été retirée et qu'il n'y a pas été donné suite [29 juill. 1848, C. d'app. de Paris; aff. Teissier c. Briet-Germain (*Rép. de jurisp., Huard*)].— 21° Qu'il ne suffit pas pour invalider un brevet pris en France, que l'invention ait *pu être* connue, mais il faut qu'elle *ait été* connue [25 févr. 1853, C. imp, de Paris; aff. Rohlfseyrig c. Crespel-Delisle (*Gaz. des Trib.*, 1853, 29 *juill.*)].—22° Qu'aux termes de l'art. 31 de la loi de 1844, pour qu'une invention ait perdu son caractère de nouveauté, il ne suffit pas qu'elle ait pu recevoir une publicité suffisante, mais il faut qu'elle ait effectivement reçu cette publicité [22 juin 1861 C. d'Amiens; aff. Normand c. Houelle (*la Propr. industr.*, n° 203)]. — 23° Que des brevets français ou étrangers même *non tombés dans le domaine public*, constituent des *antériorités* suffisantes pour entraîner la nullité des brevets français postérieurs [29 nov 1859, Paris; aff. Bienhar c. Brisse (*Annales de la Propr. industr.*, 6-*vol.*, *p.* 158)]. — 24° Que l'existence d'un brevet antérieur ne constitue pas nécessairement une antériorité pouvant entraîner la nullité du brevet obtenu postérieurement. Qu'il faut pour cela que ce brevet ait été ou publié ou exploité publiquement avant la demande du brevet auquel on l'oppose [1er déc. 1858, C. de Lyon; aff. Deflache c. Balmont-Ferrière (*la Propr. in-*

dustr., n° 62)]. — 25° Le brevet qui a été demandé à *l'étranger* antérieurement à la demande faite en France d'un brevet identique, n'entraîne cependant pas celui-ci dans sa *déchéance*, lorsqu'il n'a été délivré que postérieurement à cette demande et qu'il est constant que, suivant la législation du pays où il a été délivré, le brevet n'a d'existence que du jour de sa délivrance. Il en est surtout ainsi lorsque, dans l'intervalle qui s'est écoulé entre la demande et la délivrance, le brevet est demeuré *secret* dans les bureaux de l'administration [13 déc. 1860, trib. civ. de la Seine; aff. Firnstahl c. Bourcart et Bossi (*la Propr. industr.*, n° 165)]. — 26° Que la publication à l'étranger de procédés brevetés fait tomber en France l'invention dans le domaine public, si le breveté n'a eu le soin de se faire breveter en France avant cette publication. Que l'inventeur ne peut invoquer à sa décharge que cette publication était une nécessité imposée par les lois du pays [19 janv. 1859, trib. corr. de Lille; aff. Duvier c. Lister et Holden (*la Propr. industr.*, n. 68); 6 avril 1859, trib. corr, de la Seine, veuve Bienhar et Simon c. Brisse (*la Propr. industr.*, n° 71)]. — 27° Qu'il n'y a point à distinguer, dans ce cas, entre la publicité légale et la publicité effective. Qu'au regard de la loi française, il n'importe si la livraison au public a été forcée par le statut étranger; qu'il suffit qu'elle ait existé avant la prise du brevet en France pour l'invalider (*mêmes jugements*).

Dépôt antérieur aux prud'hommes. — 28° Que le dépôt au conseil de prud'hommes d'un objet nouveau étant cacheté, ne constitue pas une publication suffisante pour établir une antériorité qui puisse faire invalider un brevet pris pour le même objet postérieuremen au dit dépôt [13 mai 1862, trib. civ. de la Seine; aff. Vigne c. Souvant et Merlue (*la Propr. industr.*, n° 236)],

De la publicité et de la divulgation. — 29° Que la loi n'a pas défini les *caractères distinctifs* de la *publicité*; qu'elle n'y met qu'une condition, c'est que cette publicité aura été telle que, par ce fait, l'invention aura pu être *exécutée* [14 août 1850, C. d'appel de Metz, aff. Alcandet-Péligot c. Bacot et autre [20 août 1851, rej ; même affaire (*Gaz. des Trib.*, 22 *août*)]. — 30° Que pour qu'il y ait *divulgation* de procédés brevetés, il suffit que, sur la vue du produit, on ait pu s'en rendre compte avant la prise du brevet [8 févr. 1861, C. de Douai; aff. Bouchard-Florin c. Harinkonck (*la Propr. industr.*, n° 168)]. — 31° Que la publicité, entraînant la divulgation, peut résulter même d'une correspondance privée [8 avril 1854, C. de cass., aff. Higton c. Brett [*D. P.* 54. 1. 81]. — 32° Qu'un fait de vente isolé, avant la prise de brevet, n'entraîne pas nécessairement la divulgation; que les tribunaux ont, à cet égard, un droit d'appréciation souverain [3 juill. 1845, C. de Paris, aff. Croizat c. Capelain-Lemercier (*Gaz. des Trib.*, 1845, 6 juill.). — 33° Que les rigueurs du principe posé dans l'art. 31 doivent être réservées à celui qui, livrant au public le secret de son invention, avant de la placer sous la protection d'un brevet, a fait croire qu'il renonçait au bénéfice du droit exclusif. Que cette supposition ne peut évidemment atteindre celui qui demande des conseils ou des encouragements [6 oct. 1827, C. d'app. de Paris; aff. Lhomond c. Millet (*Gaz. des Trib.*, 9 oct. 1827); 6 juin 1844, trib. corr. de la Seine; aff. Hue c. Sarraud); 19 août 1853, C. de cass.; aff. Mareschal c. Tussand (*Gaz. des Trib.*, 1853, 20 août)]. — 34° Que la démonstration d'un procédé, faite devant un jury d'exposition, est réputée confidentielle, et que par conséquent, elle n'a pas enlevé à l'invention son caractère de nouveauté [8 mars 1859, trib. corr. de la Seine; aff. Depouilly et Barbet (*la Propr. industr.*, n° 66)]. — 35° Que l'inventeur n'a pas divulgué son invention lorsqu'il a cédé à des tiers, avant de se faire breveter, le droit d'exploiter son invention [12 avril 1854, C. de cass., aff. Panay c. Broquette (*Gaz. des Trib.*, 1854, 18 avr.)]. — 36° Que la vente faite par l'inventeur, avant la prise de son brevet, de quelques-uns de ses produits, fabriqués à titre d'essais,

ART. 32.

Sera déchu de tous ses droits (1) :

1° Le breveté qui n'aura pas acquitté son annuité

---

ne constitue pas une divulgation, alors que cette vente n'a pu mettre le public à même de connaître les procédés à l'aide desquels l'inventeur les obtient [30 mai 1857, C. de Paris, aff. Florimond c. Daumont (*Rép. de jurispr., Huard*)]. — 37° Que si l'objet du brevet est un produit industriel ou un procédé dont la vue ou l'analogie ait pu faire comprendre la combinaison à l'acheteur, l'exploitation du produit ou l'emploi public du procédé, avant la demande du brevet, entraîne nécessairement la divulgation [1er avr. 1852, C. de Paris, aff. Echemont c. Popelin-Ducarre (*Rép. de jurispr., Huard*)]. — 38° Qu'un procédé n'a pas perdu son caractère de nouveauté par cela seul qu'il a été employé industriellement avant d'être breveté, si cet emploi a été tenu secret et si d'ailleurs la vue du produit ne révèle pas le mode de fabrication [25 févr. 1862, trib. corr. de la Seine, aff. Muller c. Ménans (*la Propr. industr.*, n° 220)].

39° Que la connaissance d'un procédé par les ouvriers de l'inventeur ne peut, à elle seule, constituer la divulgation de l'invention (*même décision*). — 40° Que malgré la divulgation frauduleuse faite par un ouvrier avant le brevet, l'invention doit être encore considérée comme nouvelle [11 juill. 1845, C. de Paris, aff. Bissonnet c. Cabouret et Leroy. — 8 juill. 1848, C. de cass., aff. Chabrié c. Touche (*Pal.* 1848, 2. 376). — 1er déc. 1853, C. de Paris, aff. Dastis c. Caujolle (*Rép. de jurispr., Huard*)]. — 41° Que les ventes faites antérieurement à la prise du brevet par des employés du breveté, n'opèrent pas une divulgation de nature à faire tomber l'invention dans le domaine public, parce que la fabrication qu'ils en ont faite est entachée de l'abus des secrets du maître [30 mai 1857, C, de Paris, aff. Florimond c. Daumont (*Rép. de jurispr., Huard*)].

(1) « La déchéance diffère de la nullité en ce qu'elle ne

avant le commencement de chacune des années de la durée de son brevet (1);

2° Le breveté qui n'aura pas mis en exploitation sa découverte ou invention en France, dans le délai de deux ans, à dater du jour de la signature du brevet, ou qui aura cessé de l'exploiter pendant deux années consécutives, à moins que, dans l'un ou l'autre cas, il ne justifie des causes de son inaction (2).

« fait perdre au brevet sa valeur qu'à partir du moment « où elle est prononcée. » Elle ne peut être que totale. Elle entraîne de plein droit la déchéance du certificat d'addition qui se rattache au brevet déchu. Elle peut être absolue ou relative. (*Voir art.* 34, *jurisprud.* n° 8).

(1) La durée du brevet, aux termes de l'art. 8 (*Voir plus haut*) court du jour du dépôt de la demande à la préfecture prescrit par l'art. 5. (*Voir la note ci-après et la jurispr. relative au défaut de paiement de l'annuité dans le délai légal*).

(2) « La loi n'a point réservé à l'administration le droit « d'accorder des délais pour la paiement des annuités « ou la mise en exploitation des inventions ou décou- « vertes. — Les questions de déchéance sont exclusive- « ment de la compétence des tribunaux civils (art. 34). « — Le ministre du commerce ne peut accueillir au- « cune demande tendant, soit à obtenir des délais pour « le paiement de la taxe ou la mise en exploitation des « inventions ou découvertes, soit à être relevé d'une « déchéance encourue. » (*Instructions ministérielles*).

Lorsqu'on voudra savoir si l'annuité d'un brevet a été payée, on devra adresser au ministre du commerce une demande sur papier timbré. (*Il est nécessaire de faire une demande spéciale pour chaque brevet sur lequel on désire être renseigné*). Dans cette demande, on désignera très exactement le brevet dont il s'agit. (*Indi-*

quer la date du dépôt qui est la date réelle du brevet, le numéro de délivrance et le titre du brevet). On remarquera, toutefois, que ce renseignement n'est donné que sous toute réserve, à savoir : « *qu'il est fourni sans en-* « *gager la responsabilité de l'administration, des annui-* « *tés pouvant être versées avec des désignations insuf-* « *fisantes ou inexactes.*

Voir la convention additionnelle au traité de paix du 10 *mai* 1871, *entre la France et l'Allemagne et son protocole de clôture relative à l'exploitation en Alsace-Loraine des brevets pris dans les provinces avant leur annexion à l'Allemagne* (*page* 116).

JURISPRUDENCE

Défaut de paiement de la taxe. — Il a été jugé notamment : 1° Que la déchéance d'un brevet résultant du défaut de paiement de l'annuité dans le délai légal, a lieu de plein droit et résulte du seul fait du retard. Le juge se borne a le constater, et le paiement ultérieur ne peut en relever le breveté [10 juill. 1861, trib. civ. de la Seine, aff. Boutigny c. Moiniez (*la Propr. industr.*, n° 203). — 21 nov. 1845, C. de cass., aff. Thollinet et Chevret c. Dupont (S. V. 1846, 1. 151). — 13 juin 1850, C. de Paris, aff. Brossard-Vidal c. Conaty et autres (S. V. 1851, 2. 538) etc...]. — 2° Que la déchéance prononcée par l'art. 32 de la loi de 1844 est encourue de plein droit et par le seul fait du retard apporté dans le paiement de l'annuité. Une maladie, telle que la folie, par exemple, le décès même du breveté, ne peuvent faire excuser ce retard [déc. 1861, C. de Paris, aff. Wild c. Cailet autres (*la Propr. industr.*, n° 211)]. — 3° Qu'il importe peu que les héritiers du breveté aient continué à payer exactement toutes les annuités suivantes (*même arrêt*). — 4° Qu'aucun acte administratif ne saurait avoir pour effet de relever le breveté de cette déchéance [13 juin 1850, C. de cass., aff. Brossard-Vidal c. Conaty-Lerebours (S. V. 51, 2, 538)]. — 5° Que le défaut de paiement des annuités est un obstacle à toute poursuite de la part du breveté, alors même que la déchéance n'a pas encore été prononcée. Qu'en conséquence, le breveté qui, dans cette position, fait procéder à une saisie chez un prétendu contrefacteur, doit être condamné à des dommages-intérêts à raison de cette saisie nulle [3 mars 1858, trib. civ. de Lyon, aff. Girout-Dargout c. Duplomb (*la Propr. industr.*, n° 14). — 6° Que toutefois la contrefaçon commise avant la survenance du fait qui a motivé la déchéance peut être poursuivie par le breveté [7 juin 1851, C. de cass., aff. Jérosme c. Gomel (S. V. 1852, 1, 68). — 5 août 1851, C. de Douai, même aff. (S. V. 1852, 2. 518)]. — *Contrà*, [28 déc. 1850, C. d'Amiens, aff. Jérosme c. Gomel (1851. 2. 107)]. — 7° Que lorsque le fait du non-paiement est prouvé, il constitue un motif suffisant pour prononcer la dissolution de la société formée pour l'exploitation du brevet, qu'il n'est pas nécessaire d'attendre que la déchéance soit prononcée par les tribunaux [19 juin 1847, C. de Douai, aff. Fabvrier c. Gouchon, (*Rép. de jurispr., Huard*). — 8° Que celui qui est chargé par le breveté de payer les annuités du brevet, et qui, manquant à cette obligation, laisse écouler le délai sans acquitter la taxe, peut être condamné à des dommages-intérêts envers le breveté ou ses cessionnaires, en raison de la déchéance encourue par le breveté [17 mai 1859, trib. civ. de la Seine, Dayère c Tilloy (*la Propr. industr.*, n° 85)]. Qu'il en est ainsi, alors même qu'aucune action n'est encore intentée pour faire prononcer la déchéance (*même jugement*). — 9° Que lorsqu'il s'agit du paiement de la totalité de la taxe exigée en cas de cession par l'art. 20, le retard apporté à ce paiement n'entraîne pas la déchéance [1er sept. 1855, C. de cass., aff. Dominge c. Blondel (S. V. 56. 1. 280)].

Défaut d'exploitation. — 10° Que tant que deux années ne sont pas entièrement écoulées depuis l'obtention du brevet, aucune déchéance n'est opposable pour défaut d'exploitation [25 janv. 1860, trib. civ. de la Seine, aff. Kugler c. Dauphin (*la Propr. indust.*, n° 116)]. — 11° Qu'il suffit que le brevet ait été exploité en partie

7.

3° Le breveté qui aura introduit en France des

---

pour que la déchéance ne soit pas encourue, et, par suite, la cour qui reconnaît en fait une exploitation partielle peut, à bon droit, rejeter l'exception de déchéance [11 déc. 1857, rej., aff. Villard c. Delile (*la Prop. indust.*, n° 21); 12 févr. 1858, rej., aff. Villard c. Danel (*la Propr. indust.* n° 27)].— 12° Que la déchéance pour non-exploitation dans le délai de deux années n'est pas encourue si l'inventeur justifie des *causes de son inaction*. Que l'appréciation de ces causes est laissée aux tribunaux, qui peuvent prendre en considération le seul *défaut de ressources pécuniaires*, ainsi que cela résulte de la discussion de la loi. Alors surtout qu'il s'agit d'une invention qui ne peut être mise en usage par le public, mais seulement par un *nombre très restreint d'industries*; qu'il est évident que la résistance de ces industries à l'emploi de l'invention pendant deux années ne peut avoir pour résultat d'amener à leur profit l'annulation du brevet [11 fév. 1859, trib. corr. de la Seine, aff. Decoster c. la Cie du Nord (*la Propr. indust.*, n° 36)]. — 13° Que la déchéance, faute d'exploitation, est fondée sur la présomption de renonciation à l'invention; qu'en conséquence, un breveté a suffisamment obéi à la loi et n'a pas encouru la déchéance lorsqu'il s'est livré à des tentatives sérieuses d'exploitation; peu importe que ces tentatives aient ou n'aient pas réussi [18 juill. 1859, C. de Paris, aff. Thomas et Laurens c. le minist. de la guerre (*la Propr. indust.*, n° 96)]. — 14° Que l'inventeur a suffisamment satisfait à l'obligation d'exploiter lorsqu'il a fait admettre son invention à une exposition industrielle et a fait une vente à un tiers [11 mai 1836, C. de Paris et 13 juin 1837 C. de cass., aff. Griolet c. Collier (D. P. 27, 1,440)]. — 15° Que la déchéance d'un brevet d'invention pour défaut d'exploitation par le breveté de son brevet d'invention, dans les deux ans, peut être couverte par l'exploitation faite par un tiers, cette exploitation n'eût-elle lieu même qu'en objets fabriqués en pays étranger et semblables à ceux qui seront garantis par son brevet (1).

Néanmoins, le ministre du commerce pourra autoriser l'introduction :

1° Des modèles de machines;

2° Des objets fabriqués à l'étranger destinés à des expositions publiques ou à des essais faits avec l'assentiment du gouvernement (2).

---

vertu du consentement verbal du breveté; il n'est pas nécessaire que ce consentement ait été donné par une cession régulière ou qu'il ait une date certaine. Les juges du fait ont, à cet égard, un droit d'appréciation souveraine qui échappe à la censure de la Cour de cassation [31 déc. 1857, rej., aff. Masse c. Lejeune (*Rép. de jurisp., Huard*)]. — 16° Que c'est à celui qui invoque la déchéance à prouver que l'invention n'a pas été exploitée dans les deux années [22 juin 1843, trib. de Grenoble, aff. Jouvin c. Ducruy (*Rép. de jurisp., Huard*), 1er jnill. 1852, C. de cass., aff. Raymond c. Bérindorff (*Bull. des arrêts criminels, t. LVII, p.* 394)].

(1) (*Voir le* § 2 *de la note suivante* (*page* 80) *relatif à l'exception prévue par l'art* 5 *de la convention internationale en faveur de toute personne brevetée dans l'un des états de l'union, qui introduit dans le pays où le brevet lui a été délivré, des objets fabriqués dans l'un ou l'autre des états faisant partie de cette union; voir aussi* (*page* 116) *la convention additionnelle au traité de paix du* 10 *mai* 1871 *entre la France et l'Allemagne relative à l'importation en France d'objets fabriqués en Alsace-Lorraine et semblables à ceux garantis par un brevet pris dans ces provinces avant leur annexion à l'Allemagne.*

(2) Ce dernier paragraphe, introduit par la loi de 1856, a remplacé le suivant qui terminait l'article dans la loi de 1844 : « Sont exceptés des dispositions du pré-

Art. 33.

Quiconque, dans des enseignes, annonces, prospectus, affiches, marques ou estampilles, prendra la qualité de breveté sans posséder un brevet délivré conformément aux lois, ou après l'expiration d'un brevet antérieur, ou qui, étant breveté, mentionnera sa qualité de breveté ou son brevet sans

---

« cédent paragraphe les modèles de machines dont le « ministre de l'agriculture et du commerce pourra « autoriser l'introduction dans le cas prévu par l'art. « 29. »

« Toutefois l'art, 5 de la convention internationale « pour la protection de la propriété industrielle (*voir « cette convention reproduite plus loin*) contient une « disposition portant dérogation aux dispositions de « l'art. 32 de la loi de 1844 modifié par la loi de 1856. « Cet article de la convention stipule que l'introduction « par le breveté, dans le pays où le brevet a été délivré, « d'objets fabriqués dans l'un ou l'autre des états de « l'union, n'entraînera pas la déchéance, avec la réserve « cependant que le breveté restera soumis à l'obliga- « tion d'exploiter son brevet conformément aux lois du « pays où il introduit les objets brevetés. Les titulaires « de brevets français qui veulent introduire en France « des objets semblables à ceux qui sont garantis par « leur brevet et fabriqués sur le territoire de l'un des « états concordataires, n'ont plus en conséquence, de « demandes à adresser dans ce but au département du « commerce. Mais ils restent, comme par le passé, sou- « mis aux dispositions de l'art. 32 de la loi du 5 juillet « 1844 en ce qui concerne les objets fabriqués hors du « territoire d'un des pays de l'union. » (*Circulaire ministérielle du* 26 *août* 1884 *aux chambres de commerce, aux chambres consultatives des arts et manufactures ainsi qu'aux chambres consultatives d'agri-*

y ajouter ces mots : *sans garantie du gouvernement*, sera puni d'une amende de 50 à 1,000 francs.

En cas de récidive, l'amende pourra être portée au double (1).

---

culture). (*Voir cette circulaire reproduite* (*page* 137.)

Les demandes d'introduction doivent être directement adressées au ministre du commerce.

« La loi de 1856 a été en quelque sorte complétée, en « ce qui touche les objets destinés à des expositions « publiques, par loi du 23 mai 1868 relative á la garan- « tie des inventions susceptibles d'être brevetées et « des dessins de fabrique admis aux expositions publi- « ques autorisées par l'administration et ayant une « durée de deux mois au moins. » (*Voir cette loi reproduite* (*page* 109), *avec les circulaires interprétatives et l'explication des formalités à remplir en pareil cas*.)

JURISPRUDENCE

Introduction d'objets fabriqués à l'étranger. — Il a été jugé notamment : 1° Que lorsqu'un objet n'a été introduit qu'à titre d'échantillon, et généralement toutes les fois qu'il n'est pas établi que l'objet introduit était destiné à être vendu ou à être exploité commercialement, il n'y a pas lieu à appliquer la déchéance [11 juill. 1846, C. de Douai, aff. Worlech c. Pecquet de Beaurepaire (D. P. 46, 2,194)]. — 2° Que l'introduction opérée par des tiers ne peut engager la responsabilité du breveté [24 1855, trib. civ. de la Seine, aff. Goodylear c. Aubert et Girard (*Rép. de jurispr., Huard*)].

(1) Il a été jugé notamment : 1° Que celui qui a acheté le droit de se servir d'un procédé breveté, ne peut s'en dire l'inventeur. Que l'usurpation du titre d'inventeur, même après que le procédé est tombé dans le domaine public, constitue un fait de concurrence déloyale qui donne lieu à des dommages-intérêts au profit de l'in-

SECTION II

DES ACTIONS EN NULLITÉ ET DÉCHÉANCES

ART. 34.

L'action en nullité et l'action en déchéance pourront être exercées par toute personne y ayant intérêt.

Ces actions, ainsi que toutes contestations relatives à la propriété des brevets, seront portées devant les tribunaux civils de première instance (1).

---

venteur véritable [3 juill. 1858, trib. civ. de la Seine, aff. Debain c. Alexandre (*la Propr. industr.*, n° 29)]. — Que si l'inventeur s'est servi dans son brevet d'une désignation banale, en y ajoutant son propre nom, comme « *lampes Carcel* », à l'expiration du brevet, le nom qui est une propriété imprescriptible, ne pourra être employé par les tiers qu'à la condition de modifier la désignation ainsi qu'il suit : lampes *dites* de Carcel ou *façon* de Carcel; qu'autrement, la désignation employée par le tiers induirait le public en erreur en laissant supposer que les objets ainsi désignés sortent de la fabrique de l'inventeur [27 avril 1843, trib. de commerce de Paris, aff. Hochsteller c. Deville; idem 20 janv. 1844, C. de Paris, aff. Hochsteller c. Chatel (*Rép. de jurispr.*, *Huard)*].

JURISPRUDENCE

(1) *Par qui la demande en nullité ou déchéance peut-elle être intentée?* Il a été jugé notamment : 1° Que celui qui exerce une *industrie similaire*, alors même qu'il n'est pas personnellement breveté, justifie suffisamment de l'*intérêt* né et actuel exigé par l'art. 34 de la loi, pour former une *demande en nullité* de brevet

[13 déc. 1860, trib. civ. de la Seine, aff. Firnstahl c. Bourcart et Bassi (*la Propr. industr.*, n° 165)] 2° Que le cessionnaire pour partie de brevets litigieux a intérêt et qualité pour intervenir et défendre la propriété qui lui a été transférée [15 avr. 1856, C. de Paris, aff. Laming c. Cavaillon (Pataille et Huguet, 1856, p. 184)]; 12 avr. 1859, trib. corr. de la Seine, aff. Voisin et Favre, c. Drouin (*la Propr. industr.*, n° 77)]. 5° Que toutefois : est passible de dommages-intérêts : celui qui forme contre un breveté une demande en nullité mal fondée, alors que la longue possession de l'inventeur, le grand nombre de décisions judiciaires par lesquelles le brevet a été consacré, la publicité étendue qu'ont reçue ces décisions, sont des faits tellement notoires, qu'il est impossible de supposer qu'ils aient été ignorés des demandeurs en nullité. [31 déc. 1857, trib. civ. de la Seine, aff Blondel et Cie, c. Alabarbe (*la Propr. industr.*, n° 8)].

Des exceptions à la demande en nullité ou en déchéance. 4° Que les parties condamnées correctionnellement, en vertu d'un brevet, peuvent néanmoins s'adresser à la juridiction civile pour faire prononcer la nullité de ce même brevet. Qu'on ne peut lui opposer ni la *chose jugée*, ni l'identité des griefs invoqués [10 juill. 1860, trib. civ. de la Seine, aff. Daubié-Cantier c. Guyot (*la Propr. industr.*, n. 154)]. 5° Que lorsque le prévenu s'est défendu au correctionnel, sans invoquer la déchéance du brevet, il peut, ultérieurement et en tout état de cause, saisir le tribunal civil de cette action en déchéance ou en nullité [20 déc. 1848, C. d'app. de Paris, aff. Ducret c. Robert-Augier (*Rép., de jurispr., Huard*)]. 6° Que l'action en contrefaçon intentée en police correctionnelle est distincte de la demande en nullité de brevet portée au tribunal civil. Que l'objet des deux demandes n'est pas le même. Qu'en conséquence, le plaignant assigné au civil en nullité de brevet ne peut opposer la *litispendance* résultant d'une instance correctionnelle en contrefaçon [2 août 1861, trib. civ. de la Seine, aff. Bertrand c. Masse et Innocent, nº 196)]. 7º Que suivant les art. 34 et 46 combinés de la loi du 5 juillet 1844, les tribunaux civils sont la juridiction principale pour les actions en nullité et déchéance de brevets d'invention et que les tribunaux correctionnels n'ont compétence pour statuer sur les exceptions de nullité qu'autant qu'elles n'ont pas déjà été jugées au civil. Qu'en conséquence, l'arrêt civil qui a repoussé une action en nullité et déchéance de brevet, a autorité de chose jugée au correctionnel entre les mêmes parties, encore bien que le prévenu baserait son exception de nullité ou de déchéance sur des moyens nouveaux. Qu'il en est de même de la décision rendue au civil sur ce qui constitue l'objet du brevet; que cette décision fait chose jugée et ne permet plus au prévenu de prétendre au correctionnel que, ce qui a été jugé au civil être l'objet du brevet, ne l'était pas réellement [8 août 1857, Cass., aff. Sax c. Gautrot (*Rép. de jurispr., Huard*)] 7º Que le jugement rendu par un *tribunal étranger* sur la question de nouveauté d'un brevet pris à l'étranger, ne peut être invoqué comme constituant l'autorité de la *chose jugée*, alors que la question s'agite devant un tribunal français entre les mêmes parties, et relativement à un brevet pris en France pour la même invention [13 déc. 1860, trib. civ. de la Seine, aff. Firnstahl c. Bourcart et Rossi (*la Propr. industr.*, nº 165)]. 8º Que lorsqu'un tribunal, sur une plainte en contrefaçon, *déclare le brevet nul,* cette nullité ne peut s'entendre que des éléments ayant fait l'objet du litige. Que le jugement ne doit pas être considéré comme ayant prononcé la nullité absolue du brevet [19 juin 1862, C. de Paris, aff. Lamblin c. Fritz (*la Propr. industr.*, nº 238)]. 9º Que la demande en déchéance d'un brevet, fondée sur le *défaut de paiement de la taxe* est sans objet, et que dès lors il n'y a pas lieu de la prononcer, lorsque le breveté a abandonné son brevet et qu'il a déclaré dans ses conclusions ne vouloir pas en faire usage. Qu'il suffit de donner acte au demandeur des déclarations du breveté [7 déc. 1860, C.

de Paris, aff. Heudebert c. Joanne-Ronceray (*la Propr. industr.*, n° 159)].

Des instances en revendication de brevets. 10° Que le brevet obtenu par la fraude doit toujours être annulé au profit de l'inventeur véritable [11 déc. 1857, C. de Paris, aff. Goin c. Gabriel (*la Propr. industr.*, n° 5)]. 11° Que l'action en revendication et l'action en nullité ou déchéance sont indépendantes l'une de l'autre. Que l'action en revendication une fois admise, l'action en nullité peut être soulevée par l'usurpateur lui-même, mais dans une instance distincte [23 janv. 1841, C. de Bourges, aff. Treille de Beaulieu c. Gomelle [D. P. 42. 2. 25]. 12° Que le contrefacteur ne saurait être admis à soutenir que le réclamant n'est pas lui-même le véritable auteur de l'invention [28 janv. 1847, C. de Rouen, aff. Roduwich c. Lefrançois (S. V. 48. 2. 582)]. 13° Que lorsqu'un brevet a été pris frauduleusement par un autre que le véritable inventeur, celui-ci peut, s'il le juge convenable, faire porter à son nom le brevet ainsi indûment pris, et les tribunaux peuvent, en tout cas, faire défense au titulaire du brevet de s'en servir à l'avenir [24 mai 1855, trib. civ. de la Seine, aff. Jacquelin c. Sautelet (*Rép. de jurispr., Huard*)]. 14° Que lorsqu'un brevet a été pris par un autre que l'inventeur et dans le but de le spolier, l'inventeur a le droit de demander la substitution de son nom à la place du breveté; il devient ainsi le titulaire du brevet [11 juill. 1856, trib. de la Seine, aff. Alcan c. Maillard (*Rép. de jurispr., Huard*)]; 2 déc. 1858, C. d'Amiens, aff. Dumont c. Dhéruel (*la Propr. industr.*, n° 66)]; [5 févr. 1861, trib, civ. de la Seine, aff. Rosel c. Nachtigall (*la Propr. industr.*, n° 170]. 15° Qu'en matière de contestation sur la paternité d'une invention, le premier breveté ne peut se retrancher derrière la date de son brevet et l'opposer comme fin de non-recevoir au second breveté qui se dit dépouillé par le premier; que cette fin de non-recevoir est inadmissible en cas de fraude; qu'en effet, les brevets ont été institués pour garantir la propriété in-

ART. 35.

Si la demande est dirigée en même temps contre le titulaire du brevet et contre un ou plusieurs cessionnaires partiels, elle sera portée devant le tribunal du domicile du titulaire du brevet.

ART. 36.

L'affaire sera instruite et jugée dans la forme prescrite pour les matières sommaires, par les articles 405 et suivants du Code de procédure

---

dustrielle des inventeurs, et non pour fournir à des tiers de mauvaise foi un moyen légal de les spolier impunément [2 déc. 1858, C. d'Amiens, aff. Dumont c. Dhéruel (*la Propr, industr.*, n° 66)]. 16° Que la date d'un brevet est insignifiante pour établir le droit de propriété du breveté et que la présomption qui en résulte doit céder à la preuve contraire [11 juill. 1856, trib. civ. de la Seine, aff. Alcan c. Maillard; 27 déc. 1857, id., aff. Pothier-Lebrun c. Le Damoiseau-Pullin; 24 déc. 1858, id., aff. Roux c. Briets (*Rép. de jurispr., Huard*)]. 17° Que lorsque la paternité d'une invention est l'objet d'une contestation entre deux brevetés, la priorité de brevet établit en faveur du premier breveté une présomption de propriété de l'invention; que pour détruire cette présomption, c'est au second breveté qu'il incombe d'établir que le premier breveté l'aurait frauduleusement spolié de sa découverte [6 avr. 1859, trib. civ. de Lyon, aff. Champagnac c. Galvin (*la Propr. industr.*, n° 75)] 18° Que l'action en revendication de brevet est une de celles dans lesquelles tous les genres de preuves sont admis [28 janv. 1847, C. de Rouen, aff. Roduwich c. Lefrançois (S. V. 48. 2. 582)]. 19° Que si celui qui se prétend l'inventeur s'est fait breveter, il peut, au lieu de la subrogation, demander la nullité

civile. Elle sera communiquée au procureur de la République.

ART. 37.

Dans toute instance tendant à faire prononcer la nullité ou la déchéance d'un brevet, le ministère public pourra se rendre partie intervenante et prendre les réquisitions pour faire prononcer la nullité ou la déchéance absolue du brevet.

Il pourra même se pourvoir directement par action principale pour faire prononcer la nullité, dans les cas prévus aux nos 2, 4 et 5 de l'article 30.

---

du brevet pris frauduleusement avant le sien [7 juin 1845, C. de Paris, aff. Thollin c. Duport (*Rép. de jurispr., Huard*). 20° Que lorsque, sur une contestation relative à la propriété d'un brevet, les tribunaux reconnaissent que le breveté n'était pas le véritable inventeur, ils doivent, après cette constatation : ordonner que le vendeur sera entièrement subrogé au breveté dans son brevet, autoriser le véritable inventeur a faire substituer, par l'autorité compétente, ses nom, prénoms, profession et demeure à ceux du breveté, tant sur l'original dudit brevet d'invention et de tontes les pièces qui y sont jointes, que sur toutes expéditions ou extraits déjà délivrés ou qui pourront l'être ultérieurement dudit brevet et des pièces jointes; l'autoriser également à faire mentionner par qui de droit, sur lesdits originaux, copie ou extrait du jugement; dire que, dans un délai fixé et sous une sanction pénale, le breveté devra, sans signification ni mise en demeure, remettre à l'inventeur l'expédition qui lui a été délivrée du brevet; le duplicata certifié de la description et des dessins déposés pour l'obtention dudit brevet, et les quittances des annuités jusques et y compris l'année courante [2 déc. 1858, aff. Dumont c. Dheruel (*la Propr. industr.*, n° 66)].

ART. 38.

Dans les cas prévus par l'art. 37, tous les ayants droit au brevet dont les titres auront été enregistrés au ministère de l'agriculture et du commerce, conformément à l'article 21, devront être mis en cause.

ART. 39.

Lorsque la nullité ou la déchéance absolue d'un brevet aura été prononcée par jugement ou arrêt ayant acquis force de chose jugée, il en sera donné avis au ministère de l'agriculture et du commerce, et la nullité ou la déchéance sera publiée dans la forme déterminée par l'art. 14 pour la proclamation des brevets.

TITRE V

DE LA CONTREFAÇON, DES POURSUITES ET DES PEINES (1)

ART. 40.

Toute atteinte portée aux droits du breveté, soit par la fabrication de produits, soit par l'emploi de moyens faisant l'objet de son brevet, constitue le délit de contrefaçon.

Ce délit sera puni d'une amende de cent à deux mille francs.

---

(1) Nous renvoyons, à ce sujet, aux traités spéciaux sur la matière. (*Voir en tête de ce livre la liste des principaux ouvrages publiés sur la contrefaçon*).

ART. 41.

Ceux qui auront sciemment recelé, vendu ou exposé en vente, ou introduit sur le territoire français, un ou plusieurs objets contrefaits, seront punis des mêmes peines que les contrefacteurs.

ART. 42.

Les peines établies par la présente loi ne pourront être cumulées.

La peine la plus forte sera seule prononcée pour tous les faits antérieurs au premier acte de poursuite.

ART. 43.

Dans le cas de récidive, il sera prononcé, outre l'amende portée aux art. 40 et 41, un emprisonnement d'un mois à six mois.

Il y a récidive lorsqu'il a été rendu contre le prévenu, dans les cinq années antérieures, une première condamnation pour un des délits prévus par la présente loi.

Un emprisonnement d'un mois à six mois pourra aussi être prononcé, si le contrefacteur est un employé ayant travaillé dans les ateliers ou dans l'établissement du breveté, ou si le contrefacteur, s'étant associé avec un ouvrier ou un employé du breveté, a eu connaissance, par ce dernier, des procédés décrits au brevet.

Dans ce dernier cas, l'ouvrier ou l'employé pourra être poursuivi comme complice.

ART. 44.

L'art. 463 du Code pénal pourra être appliqué aux délits prévus par les dispositions qui précèdent.

ART. 45.

L'action correctionnelle pour l'application des peines ci-dessus ne pourra être exercée par le ministère public que sur la plainte de la partie lésée.

ART. 46.

Le tribunal correctionnel, saisi d'une action pour délit de contrefaçon, statuera sur les exceptions qui seraient tirées par le prévenu, soit de la nullité ou de la déchéance du brevet, soit des questions relatives à la propriété dudit brevet.

ART. 47.

Les propriétaires de brevet pourront, en vertu d'une ordonnance du président du tribunal de première instance, faire procéder, par tous huissiers, à la désignation et description détaillées, avec ou sans saisie des objets prétendus contrefaits.

L'ordonnance sera rendue sur simple requête et sur la représentation du brevet; elle contiendra, s'il y a lieu, la nomination d'un expert pour aider l'huissier dans sa description.

Lorsqu'il y aura lieu à la saisie, ladite ordonnance pourra imposer au requérant un cautionnement, qu'il sera tenu de consigner avant d'y faire procéder.

Le cautionnement sera toujours imposé à l'étranger breveté qui requerra la saisie.

Il sera laissé copie au détenteur des objets décrits ou saisis, tant de l'ordonnance que de l'acte constatant le dépôt du cautionnement, le cas échéant; le tout, à peine de nullité et de dommages intérêts contre l'huissier.

ART. 48.

A défaut par le requérant, de s'être pourvu, soit par la voie civile, soit par la voie correctionnelle, dans le délai de huitaine, outre un jour par trois myriamètres de distance, entre le lieu où se trouvent les objets saisis ou décrits, et le domicile du contrefacteur, receleur, introducteur ou débitant, la saisie ou description sera nulle de plein droit, sans préjudice des dommages-intérêts qui pourront être réclamés, s'il y a lieu, dans la forme prescrite par l'article 36.

ART. 49.

La confiscation des objets reconnus contrefaits, et, le cas échéant, celle des instruments ou ustensiles destinés spécialement à leur fabrication, seront, même en cas d'acquittement, prononcées contre le contrefacteur, le receleur, l'introducteur ou le débitant.

Les objets confisqués seront remis an propriétaire du brevet, sans préjudice de plus amples dommages-intérêts et de l'affiche du jugement, s'il y a lieu.

TITRE VI

DISPOSITIONS PARTICULIÈRES ET TRANSITOIRES

ART. 50.

Des ordonnances royales, portant règlement d'administration publique, arrêteront les dispositions nécessaires pour l'exécution de la présente loi, qui n'aura d'effet que trois mois après sa promulgation (1).

ART. 51.

Des ordonnances rendues dans la même forme pourront régler l'application de la présente loi dans les colonies, avec les modifications qui seront jugées nécessaires (2).

ART. 52.

Seront abrogées, à compter du jour où la présente loi sera devenue exécutoire, les lois des 7 janvier et 25 mai 1791, celle du 20 septembre 1792, l'arrêté du 17 vendémiaire an VII, l'arrêté

(1) Ce règlement d'administration publique reste toujours à faire. — Des circulaires ministérielles seulement dont nous avons donné les extraits plns haut ont réglé jusqu'à présent l'application de la loi.

(2) « Un arrêté du 21 octobre 1848 a fait cette régle-
« mentation étendue à l'Algérie par un décret du 5 juin
« 1850 conçu presque dans les mêmes termes. (*Voir plus*
« *loin le texte de cet arrêté*). Il n'y a de modification à
« la loi de 1844 que celle qui consiste à exiger que les
« pièces soient rédigées en triple expédition. Cette for-

du 5 vendémiaire an IX, les décrets des 25 novembre 1806 et 25 janvier 1807 et toutes dispositions antérieures à la présente loi, relatives aux brevets d'invention, d'importation et de perfectionnement.

Art. 53.

Les brevets d'invention, d'importation et de perfectionnement actuellement en exercice, délivrés conformément aux lois antérieures à la présente, ou prorogés par ordonnance royale, conserveront leur effet pendant tout le temps qui aura été assigné à leur durée.

Art. 54.

Les procédures commencées avant la promulgation de la présente loi seront mises à fin, conformément aux lois antérieures.

Toute action soit en contrefaçon, soit en nullité ou déchéance du brevet, non encore intentée, sera suivie conformément aux dispositions de la présente loi, alors même qu'il s'agirait de brevets délivrés antérieurement.

« malité n'est prescrite que pour les brevets dont la « demande est faite aux colonies, les brevets pris en « France étant de plein droit et par le fait même de « leur délivrance, exécutoires aux colonies, sans qu'il « soit nécessaire pour celui qui veut y être également « breveté de faire une nouvelle demande de brevet. « C'est dans les bureaux du directeur de l'intérieur que « doivent être effectués les dépôts de brevets aux colo- « nies et, en Algérie, au secrétariat d'une des préfec- « ture, à Alger, Oran ou Constantine ».

PAIEMENT DES ANNUITÉS

NOTA. — *Nous avons cru utile de réunir sous un titre spécial : 1° les renseignements généraux en matière de comptabilité de brevets contenus soit dans la loi, soit dans les instructions ministérielles; 2° les renseignements spéciaux à des cas partituliers que nous avons vus se produire dans la pratique administrative.*

ART. 4.

« La durée des brevets sera de cinq, dix ou « quinze années.

« Chaque brevet donnera lieu au paiement d'une « taxe, qui est fixée ainsi qu'il suit, savoir :

« 500 francs pour un brevet de cinq ans;
« 1,000 francs pour un brevet de dix ans;
« 1,500 francs pour un brevet de quinze ans.

« Cette taxe sera payée par annuités de 100 francs « sous peine de déchéance si le breveté n'a pas « acquitté l'annuité due par lui avant le commen- « cement de chacune des années de la durée de « son brevet. »

La durée du brevet court du jour du dépôt de la demande à la préfecture (art. 8).

En effectuant le versement de la somme de 100 francs, à titre de première annuité d'un brevet d'invention, on doit, conformément à l'art. 378 de l'instruction générale sur le service et la comptabilité des finances en date du 20 juin 1859 (*voir plus loin*).

1° Indiquer exactement les nom et prénoms du brevetable;

2° Donner la désignation sommaire et précise de l'invention, objet de la demande de brevet (*ce titre devra être absolument conforme sur le récépissé au titre figurant sur la demande et en tête de la description*);

3° Vérifier, *séance tenante*, dans les bureaux de la recette, ainsi que l'indique l'avis qui s'y trouve affiché, si le récépissé a été établi conformément aux indications données. Il y aura lieu de faire rectifier immédiatement le récépissé par la recette, en cas d'erreur ou d'inexactitude.

Aux termes de l'art. 1er de la loi du 24 avril 1833 : « Tout versement en numéraire ou autres « valeurs fait aux caisses des receveurs généraux « et particuliers des finances pour un service pu- « blic donnera lieu à la délivrance immédiate d'un « récépissé à talon.

« Ce récépissé sera libératoire et formera titre « envers le trésor public, à la charge toutefois *par* « *la partie versante*, de le faire viser et séparer de « son talon dans les vingt-quatre heures de sa « date par les fonctionnaires chargés de ce con- « trôle. » (*Les sous-préfets dans les recettes parti-*

culières et les préfets dans les recettes générales de département).

La partie versante n'a pas à remplir elle-même cette formalité à Paris ; le contrôleur spécial délégué près le receveur central de la Seine, vise, *séance tenante*, les récépissés délivrés par le receveur central ou son fondé de pouvoir.

« Aux termes des instructions ministérielles, la « préfecture ne doit pas admettre à l'appui des « dépôts de brevets des récépissés *non visés*, elle « ne doit procéder qu'à l'enregistrement de deman- « des de brevets appuyées de pièces (*récépissé et* « *pouvoir*) *absolument en règle* ; dans le cas con- « traire, le préfet serait en droit et il serait de son « devoir de refuser l'enregistrement.

« Toutefois, la loi du 5 juillet 1844 ne disposant « pas que le récépissé doive être libellé nécessai- « rement au nom de la personne pour laquelle le « brevet est demandé, l'art. 7 portant simplement « *qu'aucun dépôt ne sera reçu que sur la produc-* « *tion d'un récépissé constatant le versement d'une* « *somme de cent francs, à valoir sur le montant de* « *la taxe du brevet*, il suffit dès lors que les men- « tions du récépissé établissent qu'il doit être « affecté à la première annuité du brevet dont la « demande est déposée *quelle que soit la personne* « *qui ait effectué le paiement.* » (*Instructions ministérielles*).

Le récépissé établi au nom d'une autre personne que le brevetable peut donc être accepté par la préfecture *pourvu que le titre de l'invention corresponde exactement à celui donné au secrétariat général de la préfecture par la personne qui effectue le dépôt de la demande.*

Les récépissés doivent, en outre être datés et revêtus : 1° du timbre de la recette centrale (*à Paris*) ou bien de la recette particulière ou générale (*en province*); 2° du timbre du contrôle de la recette (*à Paris*) ou bien du timbre du contrôle de la préfecture ou de la sous-préfecture (*en province*).

« Les receveurs des finances sont chargés de « recouvrer les taxes et autres droits se rapportant aux brevets d'invention; mais leur intervention se borne à recevoir les versements qui « leur sont faits et à donner décharge motivée de « ces versements, sans avoir à exercer aucune « action ni diligence à l'égard des débiteurs. Ils « doivent seulement faire consigner avec soin, dans « leurs articles de recette, ainsi que dans les récépissés qu'ils souscrivent, la désignation sommaire, mais précise, de l'invention qui à donné « lieu à la demande du brevet.

« S'il s'agit de paiements d'annuités de brevets « délivrés, on devra déclarer en outre le numéro « de délivrance du brevet donné par le ministère, « la date du dépôt de la demande du brevet (*date « réelle du brevet*), et le numéro de la nouvelle « annuité payée, c'est-à-dire si c'est la deuxième, « la troisième, etc. » (*Art. 378 de l'instruction générale sur le service et la comptabilité des finances.*)

Il est très important de ne pas confondre la date du dépôt qui est la date véritable du brevet (*art. 8 de la loi*) et le point de départ du délai légal d'un an pour le paiement de l'annuité (*art. 32*) avec celle de la signature des titres (*date de l'arrêté ministériel*) postérieure de plusieurs mois à la première.

Les titulaires de brevets français, résidant en Alsace-Lorraine, sont libres de choisir les caisses publiques des villes frontières dans lequelles il leur conviendrait de verser le montant des annuités dues au trésor. (*Voir* (*page 116*) *le protocole de clôture de la convention additionnelle au traité de paix du 10 mai 1871 entre la France et l'Allemagne.*)

Le breveté a la faculté de payer une ou plusieurs annuités d'avance ou même de se libérer de la totalité des annuités restant à courir de son brevet.

Les versements d'annuités sont reçus à Paris, 16, place Vendôme, à la recette centrale de la Seine, de 9 heures 1/2 à 3 heures.

On n'est nullement tenu d'effectuer le versement des annuités subséquentes à la même recette où l'on a payé la taxe de la première annuité du brevet. Ces versements sont reçus : soit à Paris, à la recette centrale de la Seine, soit en province par les trésoriers généraux de département (*au chef-lieu*) ou par les receveurs particuliers d'arrondissement (*au chef-lieu d'arrondissement*).

« Il est interdit aux percepteurs de recevoir des « annuités de taxes de brevets. Ils auraient à faire « observer aux brevetés qui voudraient se libérer « entre leurs mains qu'ils doivent verser directe- « ment leurs fonds au receveur des finances.

« Si le breveté, lors du paiement de la taxe

« d'annuité, se trouvait dans l'impossibilité de « donner quelques-unes des indications mention- « nées ci-dessus, le versement pourrait néan- « moins être accepté, alors même qu'il s'agirait de « l'indication la plus essentielle, celle du *numéro* « *de délivrance* du brevet, *mais dans le cas seul où* « *il ne resterait plus assez de temps au breveté* « *pour produire ce numéro avant le jour où, faute* « *de paiement, il devrait encourir la déchéance* « (*art. 378 de l'instruction générale sur le service* « *et la comptabilité des finances*).

« L'art. 34 de la loi du 5 juillet 1844, conférant « exclusivement aux tribunaux civils le droit de « décider de toutes les contestations relatives à la « propriété des brevets, il n'appartient pas à l'ad- « ministration de prononcer la déchéance, en cas « de non paiement des annuités dans les délais « déterminés par la loi. Les brevetés doivent, dès « lors, être admis à payer leurs annuités à quelque « époque qu'ils viennent en faire le versement, « sauf aux tribunaux à prononcer contre eux les « déchéances qu'ils auraient encourues. » (*Art. 379 et 380, même instruction.*)

Toutefois, bien qu'ils ne doivent pas s'opposer à recevoir les versements tardifs d'annuités de brevets, les receveurs des finances préviennent ordinairement, en pareil cas, *mais à titre officieux*, la partie versante, que la déchéance est généralement encourue de plein droit par le breveté et que le paiement ultérieur ne saurait le relever de cette déchéance, sauf les cas de force majeure dont l'appréciation appartient aux tribunaux. « *Sera déchu*

« *de tous ses droits, dit l'art. 32, le breveté qui* « *n'aura pas acquitté son annuité avant le com-* « *mencement de chacune des années de la durée de* « *son brevet.*

(Voir cet article, page 74, ainsi que les notes qui s'y rattachent.)

Les brevetés sont prévenus, en outre, qu'ils ne pourraient plus obtenir ensuite le remboursement des sommes qu'ils auraient versées dans les conditions de déchéance ci-dessus précitées.

Aux termes de l'art. 20 de la loi, « la cession « totale ou partielle d'un brevet ne pourra être faite « que par acte notarié *et après le paiement de la* « *totalité de la taxe déterminée par l'art.* 4. »

Il en résulte, comme nous l'avons déjà fait remarquer plus haut (*voir notes, art. 20, page 40*), que le cédant ne peut, même d'accord avec le cessionnaire, renoncer à une partie de la durée du brevet pour avoir une somme moins forte à payer.

L'administration exigerait également le paiement complémentaire des quinze annuités d'un brevet cédé malgré la déclaration inscrite dans l'acte de cession qu'une patente anglaise de 14 ans aurait été précédemment prise pour la même invention, si l'on avait omis de déclarer ladite patente lors du dépôt de la demande du brevet français qui figurerait, dès lors, sur le catalogue officiel comme délivré pour une durée de quinze années.

La préfecture n'accepterait pas non plus l'enregistrement d'un acte de cession de plusieurs brevets sans la justification du paiement intégral des annuités afférentes à tous les brevets mentionnés dans l'acte de cession y compris *ceux mêmes que l'on déclarerait tombés dans le domaine public.* L'administration n'ayant pas à se prononcer sur les questions relatives à la validité des brevets refuserait d'enregistrer, dans ces conditions, l'acte de cession, à moins cependant que la déchéance des brevets dont il s'agit n'ait été prononcée par les tribunaux, *seuls juges pour statuer en pareille matière. (Voir les art. 32 et 34 de la loi du 5 juillet 1844.)*

Déclaration de versement ;

Au cas ou l'on n'aurait plus en sa possession les récépissés d'annuités nécessaires à produire en cas de cession de brevet on pourrait obtenir du receveur des finances qui a reçu les versements des *déclarations de ces versements. (Voir à ce sujet les notes de l'article 20, page 38.)*

La déclaration pour versement de taxe de première annuité de brevet n'est délivrée qu'exceptionnellement et sur une autorisation ministérielle établissant que le récépissé original n'a pu s'égarer que dans les bureaux de l'administration. *page 38.)*

« Lorsque le ministre du commerce, par suite de « la non-admission ou du retrait des deman- « des, et, conformément aux dispositions des art. « 12 et 13 de la loi du 5 juillet 1844, autorise la « restitution de la totalité ou d'une partie des « sommes versées, les préfets prennent, en vertu « de ces autorisations, des arrêtés qui prescrivent « les remboursements ; une ampliation en est

« remise par les préfets, avec les récépissés jus- « tificatifs des versements, aux parties intéres- « sées. » (*Art. 382, même instruction.*) Le remboursement n'est effectué à la recette que sur la présentation de ces pièces par la partie versante. Au cas où la partie versante ne pourrait se présenter *elle-même* à la recette, elle aura à constituer un mandataire qui devra justifier, vis-à-vis du receveur des finances, de sa qualité de fondé de pouvoir de la partie versante par la production d'une procuration notariée et dûment enregistrée. « L'arrêté de remboursement ne peut être établi « qu'au nom de la partie versante, le préfet n'ayant « pas qualité pour désigner une autre personne. « Le receveur des finances qui rembourse sous sa « responsabilité personnelle ne serait pas couvert « par un arrêté préfectoral libellé à un autre « nom. » (*Instructions ministérielles.*) (*Voir pour les formalités de demandes de remboursement de taxes d'annuités de brevets les notes des art. 12 et 13 de la loi (pages 27 et 28). — Voir à l'art. 32 la jurisprudence relative au défaut de paiement de la taxe (page 76). — Voir pour les formalités de versement des taxes de certificats d'addition l'art. 16, § 3, (page 31). Voir enfin pour les demandes tendant à savoir si une annuité de brevet a été payée la note de l'art. 32, § 2, page 75.*)

ARRÊTÉ DU 25 FÉVRIER 1848

relatif à la prorogation du délai pour le paiement des annuités.

Le Gouvernement provisoire,

Attendu les circonstances de force majeure qui, depuis mardi 22 de ce mois, ont empêché, à Paris, les inventeurs brevetés d'acquitter les annuités de leurs brevets, arrivées à échéance,

ARRÊTE :

Les inventeurs brevetés qui, depuis le 22 février de ce mois, n'auront pu acquitter les annuités de leurs brevets dans les délais fixés par la loi de 1844, seront relevés de la déchéance encourue aux termes de ladite loi, en justifiant de l'acquittement de ces annuités avant une époque qui sera ultérieurement fixée.

ARRÊTÉ DU 21 OCTOBRE 1848 (1)

réglant l'application, dans les colonies, de la loi du 5 juillet 1844 sur les brevets d'invention.

Le Président du conseil des ministres, chargé du pouvoir exécutif,

---

(1) « Un décret du 5 juin 1850, conçu presque dans « les mêmes termes, a réglementé pour l'Algérie l'aplication de la loi de 1844; le dépôt des demandes de « brevet doit ôtre effectué au secrétariat d'une des pre« fectures, à Alger, Oran ou Constantine ».

Sur le rapport du ministre de l'agriculture et du commerce;

Vu l'art. 51 de la loi du 5 juillet 1844;

Vu l'avis du ministre de la marine et des colonies;

Le conseil d'Etat entendu,

ARRÊTE :

ARTICLE PREMIER.

La loi du 5 juillet 1844, sur les brevets d'invention, recevra son application dans les colonies à partir de la publication du présent arrêté :

ART. 2.

Quiconque voudra prendre, dans les colonies, un brevet d'invention devra déposer, en triple expédition, les pièces exigées par l'art. 5 de la loi précitée, dans les bureaux du directeur de l'intérieur; le procès-verbal, constatant ce dépôt, sera dressé sur un registre à ce destiné et signé par ce fonctionnaire et par le demandeur, conformément à l'art. 7 de ladite loi (1).

---

(1) « Il ne s'agit ici exclusivement que des brevets « dont la demande est faite aux colonies, il n'est donc « pas nécessaire pour les personnes brevetées en France « qui veulent exploiter leurs brevets dans les colo- « nies d'y déposer une nouvelle demande de brevet, les « brevets pris en France sont de plein droit et, par le « fait même de leur délivrance, exécutoires aux colo- « nies, et, réciproquement, les brevets pris dans les « colonies sont exécutoires en France ».

ART. 3.

Avant de procéder à la rédaction de ce procès-verbal de dépôt, le directeur de l'intérieur se fera représenter : 1° Le récépissé délivré par le trésorier de la colonie, constatant le versement de la somme de 100 francs pour la première annuité de la taxe; 2° chacune des pièces, en triple expédition, énoncées aux § 1, 2, 3 et 4 de l'art. 5 de la loi de 1844. Une expédition de chacune de ces pièces restera déposée sous cachet dans les bureaux de de la direction pour y recourir au besoin; les deux autres expéditions seront enfermées dans une seule enveloppe scellée et cachetée par le déposant.

ART. 4.

Le gouvernement de chaque colonie devra, dans le plus bref délai, après l'enregistrement des demandes, transmettre au ministre du commerce, par l'entremise du ministre de la marine et des colonies, l'enveloppe cachetée contenant les deux expéditions dont il s'agit, en y joignant une copie certifiée du procès-verbal, le récépissé du versement de la première annuité de la taxe, et, le cas échéant, le pouvoir du mandataire.

ART. 5.

Les brevets délivrés seront transmis, dans le plus bref délai, aux titulaires, par l'entremise du ministre de la marine et des colonies.

ART. 6.

L'enregistrement des cessions de brevets, dont il est parlé en l'art. 20 de la loi du 5 juillet 1844, devra s'effectuer dans les bureaux du directeur de l'intérieur. Les expéditions des procès-verbaux d'enregistrement, accompagnées des extraits authentiques d'actes de cession et des récépissés de la totalité de la taxe seront transmises au ministre du commerce, conformément à l'art. 4 du présent arrêté.

ART. 7.

Les taxes prescrites par les art. 4, 7, 11 et 22 de la loi du 5 juillet 1844, seront versées entre les mains du trésorier de chaque colonie qui devra faire opérer le versement au trésor public et transmettre au ministre du commerce, par la même voie, l'état de recouvrement des taxes.

ART. 8.

Les actions pour délits de contrefaçon seront jugées par les cours d'appel dans les colonies. Le délai des distances fixé par l'art. 8. de ladite loi, sera modifié conformément aux ordonnances qui, dans les colonies, régissent la procédure en matière civile.

ARRÊTÉ DU 23 FÉVRIER 1849

rapportant celui du 25 février 1848 relatif à l'acquittement des annuités des brevets d'invention

Le Président de la République,

Vu la loi du 5 juillet 1844 sur les brevets d'invention;

Vu l'arrêté du 25 février 1848;

Sur le rapport du ministre de l'agriculture et du commerce;

ARRÊTE :

ARTICLE PREMIER.

L'arrêté du 25 février 1848 cessera d'avoir son effet à partir du 1er juillet 1849. Les annuités échues depuis le 22 février 1848, et non payées, devront être acquittées avant la même époque. Les brevetés dont les annuités viendraient à échoir dans le délai ci-dessus stipulé auront également jusqu'au 1er juillet 1849 pour en acquitter le paiement.

ART. 2.

Le ministre de l'agriculture et du commerce est chargé de l'exécution du présent arrêté, qui sera inséré au *Bulletin des lois* et au *Moniteur*.

LOI DU 23 MAI 1868

relative à la garantie des inventions susceptibles d'être brevetées et des dessins de fabrique (1) *admis aux expositions publiques autorisées par l'administration.*

NOTA. — « *Cette loi n'est pas applicable aux expositions « d'une durée de moins de deux mois. L'administration « n'aurait pas à délivrer de certificat de garantie à l'oc- « casion d'une exposition qui n'aurait pas cette durée.* » (*Circulaires ministérielles des* 18 *mars et* 20 *décembre* 1869).

ARTICLE PREMIER.

Tout Français ou étranger, auteur soit d'une découverte ou invention susceptible d'être brevetée aux termes de la loi du 5 juillet 1844, soit d'un dessin de fabrique qui doit être déposé, conformément à la loi du 18 mars 1806, ou ses ayants droit, peuvent, s'ils sont admis dans une exposition publique autorisée par l'administration, se faire délivrer par le préfet dans le département duquel cette exposition est ouverte, un certificat descriptif de l'objet déposé. (*Voir les notes au verso.*)

---

(1) Les dessins de fabrique ainsi que les modèles industriels sont protégés en outre par la loi du 18 mars 1806. C'est au greffe du conseil de prud'hommes dans le ressort duquel se trouve située la fabrique de l'intéressé que doit être effectué le dépôt du dessin ou du modèle (art. 1er de l'ordonnance du 29 août 1825). *Voir la loi de* 1806 *pour les formalités à remplir en pareil cas. — Voir aussi l'art.* 4 *de la convention internationale, page* 123, *qui réserve un délai de priorité au déposant d'un dessin ou modèle industriel dans l'un des états de l'union pour effectuer le même dépôt dans un autre de ces états.*

ART. 2.

Le certificat assure à celui qui l'obtient les mêmes droits que lui conférerait un brevet d'invention ou un dépôt légal de dessin de fabrique, à dater du jour de l'admission jusqu'à la fin du troisième mois qui suivra la clôture de l'exposition, sans préjudice du brevet que l'exposant peut prendre ou du dépôt qu'il peut opérer avant l'expiration de ce terme. (*Voir les notes ci-après.*)

ART. 3.

La demande de certificat doit être faite dans le premier mois, au plus tard, de l'exposition.

Elle est adressée à la préfecture, accompagnée d'une description exacte de l'objet à garantir et, s'il y a lieu, d'un plan ou d'un dessin dudit objet.

Les demandes ainsi que les décisions prises par le préfet seront inscrites sur un registre spécial qui est ultérieurement transmis au ministère du commerce, et communiqué, sans frais, à toute réquisition.

La délivrance du certificat est gratuite. (*Voir les notes ci-après.*)

NOTES

Les demandes de certificat qui seront présentées à l'occasion d'une exposition ouverte à Paris devront être déposées ou adressées à la préfecture de la Seine. (*Secrétariat général, 1re division, 2me bureau*). « Sont « admis à adresser leur demande par correspondance « les exposants non domiciliés au chef-lieu du départe« ment. » (Instructions ministérielles).

La demande, la description et le dessin seront signés soit par l'exposant, soit par son fondé de pouvoir. Ce dernier devra joindre à ces pièces une procuration régulière laquelle pourra être établie sur papier libre. (*Voir pour le pouvoir, page* 19 *et suiv.*) — La légalisation n'est exigée pour aucune signature. — Il suffit de produire un seul exemplaire de la description et, s'il y a lieu, du dessin. « *Les échantillons ne peuvent être « admis à l'appui des dépôts de demandes de certificats » de garantie aux expositions publiques* ». (*Instruction ministérielle*). La demande pourra être faite sur papier libre. Elle devra indiquer exactement l'adresse de l'exposant et *spécifier si les objets pour lesquels il sollicite un certificat de garantie constituent une invention brevetable ou bien des dessins ou modèles de fabriques.*

La loi du 23 mai 1868 n'était pas applicable autrefois aux marques de fabrique et de commerce qui ne pouvaient être protégées que par le dépôt au greffe du Tribunal de commerce du ressort, conformément à la loi du 23-27 juin 1857. — Les dispositions de la loi de 1868 paraissent devoir être étendues aujourd'hui, en cas d'exposition, aux marques de fabrique et de commerce, en exécution de l'art. 11 de la convention internationale (*V. page* 127).— La loi du 5 juillet 1881 (art. 5) a en effet déjà prescrit l'application aux marques de la loi de 1868, lors de l'exposition internationale d'électricité, tenue à Paris en 1881, et le gouvernement français s'est engagé à prendre à l'avenir les mesures nécessaires pour assurer une protection efficace aux marques de fabrique et de commerce qui figureraient aux expositions internationales officielles ou officiellement reconnues (*V. circulaire ministérielle du* 26 *août* 1884). (*Voir aussi page* 123 *et suiv., les art.* 4 *et suiv., de la convention internationale relatifs à la protection des marques de fabrique françaises dans les pays de l'union et au délai de priorité réservé au déposant d'une marque dans l'un des états de l'union pour effectuer le dépôt de la même marque dans un autre de ces états*).

« *Les certificats de garantie devront être demandés « dans le premier mois au plus tard de l'exposition, ceux « qui le seraient après l'expiration de ce délai devraient*

« *être refusés* ». (*Circulaire ministérielle du* 20 *déc.* 1869).

Toutefois les demandes de certificat de garantie parvenues à la préfecture dans ce délai et qui ne seraient pas régulières pourront être régularisées en suite même après l'expiration dudit délai.

De même que pour les brevets d'invention, les dessins devront être tracés à l'encre et d'après une échelle métrique, les légendes y annexées devront être inscrites en marge. Ils ne pourront être ni raturés, ni surchargés, ni contenir aucune dénomination de poids ou de mesures autre que celles du système métrique, les renvois et mots nuls seront constatés. — Les mêmes règles sont à suivre pour la description laquelle ne pourra être écrite en langue étrangère. — Les dessins devront être signés comme toutes les autres pièces. — (*Voir l'art.* 6 *de la loi du* 5 *juillet* 1844 *sur les brevets, page* 14).

L'exposant ou son mandataire devra, en déposant ou en envoyant la demande, produire à l'appui le certificat d'admission à l'exposition. Cette pièce sera rendue immédiatement à l'intéressé ou à son fondé de pouvoir.

« Les demandes devront être remises ou adressées au « préfet ou au sous-préfet, suivant que l'exposition aura « lieu au chef-lieu du département ou dans un des autres « arrondissements. Elles seront accompagnées d'une « description de l'objet qu'on voudra garantir, et, s'il y « a lieu, de plans ou de dessins. Tous ces documents « seront signés, soit par l'exposant, soit par son fondé « de pouvoir, *et l'un ou l'autre devra, en déposant la « demande, non seulement justifier que l'objet a été ad- « mis préalablement à l'exposition, mais encore indiquer* « PRÉCISÉMENT la date de l'admission, par la raison que « la garantie, d'après la loi, est conférée, à partir de « cette date jusqu'à la fin du troisième mois qui suivra « la clôture de l'exposition, et qu'il importe de bien « déterminer l'ouverture des droits de l'exposant ». (*Circulaire ministérielle du* 20 *décembre* 1869). « Les certifi- « cats d'admission ne portant pas de date précise devront « être refusés ». (*Instructions ministérielles*).

Contrairement à ce qui se produit pour les demandes

DÉCRET DU 10 SEPTEMBRE 1870

concernant les inventeurs brevetés qui, depuis le 25 août 1870, n'auront pu acquitter les annuités de leurs brevets dans le délai légal.

Le gouvernement de la Défense nationale,

Attendu les circonstances de force majeure qui, depuis le 25 août 1870, *ont empêché les inventeurs brevetés d'acquitter* les annuités de leurs brevets, arrivées à échéance;

Sur le rapport du ministre du commerce;

DÉCRÈTE :

Les inventeurs brevetés qui, depuis le 25 août 1870, n'auront pu acquitter les annuités de leurs brevets dans le délai légal, seront relevés de la déchéance encourue, en justifiant de l'acquittement de ces annuités avant une époque qui sera fixée ultérieurement.

---

de brevets d'invention, les demandes de certificats de garantie aux expositions publiques doivent être présentées avec les pièces à l'appui, *sous pli non fermé*, les préfets étant juges de la forme de ces pièces qu'ils peuvent accepter ou refuser selon qu'elles sont régulières ou non.

Nous ferons remarquer, en terminant cette notice, que la loi du 23 mai 1868 est applicable à toutes les expositions industrielles ou agricoles, qu'elles soient universelles, nationales ou simplement régionales *mais à la condition d'être autorisées par le gouvernement et pourvu que la durée de ces expositions ne soit pas inférieure à deux mois.*

DÉCRET DU 14 OCTOBRE 1870

dispensant les inventeurs qui prendront un brevet d'invention de verser immédiatement la première annuité de la taxe.

Le gouvernement de la Défense nationale,

Vu le décret du 10 septembre 1870, portant que les inventeurs brevetés qui, depuis le 25 août 1870, n'auront pu acquitter les annuités de leurs brevets dans le délai légal, seront relevés de la déchéance encourue, en justifiant de l'acquittement de ces annuités avant une époque qui sera fixée ultérieurement;

Sur le rapport du ministre de l'agriculture et du commerce;

DÉCRÈTE,

Les inventeurs qui voudront prendre un brevet d'invention seront dispensés de verser immédiatement la première annuité de la taxe. Ce versement devra être fait ultérieurement, et dans les conditions qui ont été réglées, pour les annuités, par le décret du 25 août 1870.

DÉCRET DU 25 JANVIER 1871

qui proroge de six mois le délai de deux ans accordé aux brevetés pour mettre les inventions en exploitation en France.

La délégation du gouvernement de la Défense nationale,

Vu l'art. 32 de la loi du 5 juillet 1844, sur les brevets d'invention;

Vu le décret du 10 septembre 1870, qui proroge les délais fixés pour l'acquittement des annuités des brevets d'invention;

Sur le rapport du ministre de l'agriculture et du commerce;

DÉCRÈTE :

Le délai de deux ans, dans lequel les brevetés doivent, à peine de déchéance, mettre leurs inventions en exploitation en France, est prorogé de six mois à dater du 1er janvier 1871, pour les brevets pris moins de deux ans avant cette date.

ARRÊTÉ DU 5 JUILLET 1871

fixant l'époque où devront être acquittées les annuités arriérées des brevets d'invention qui n'ont pu être versées depuis le 25 *août* 1870.

Le chef du pouvoir exécutif de la République française,

Président du conseil des ministres :

Sur le rapport du ministre de l'agriculture et du commerce;

Vu la loi du 31 mai 1856 concernant les brevets d'invention;

Vu les décrets du gouvernement de la Défense nationale, en date du 10 septembre et du 14 octobre 1870, concernant le paiement des annuités des brevets d'invention;

ARRÊTE :

ARTICLE UNIQUE.

Les décrets du gouvernement de la Défense

nationale, en date du 10 septembre 1870 et du 14 octobre 1870, concernant les annuités de brevets d'invention, cesseront d'avoir leur effet à partir du 1er octobre 1871.

Les annuités échues et non payées depuis le 25 août 1870, ainsi que les premières annuités non payées depuis le 14 octobre 1870, devront être acquittées à l'époque fixée ci-dessus.

A dater du présent arrêté, les brevetés dont les annuités viendraient à échéance, et les nouveaux brevetés qui ne pourraient payer immédiatement la première annuité, auront aussi jusqu'au 1er octobre 1871 pour en faire le versement.

CONVENTION ADDITIONNELLE

au traité de paix du 10 *mai* 1871, *entre la France et l'Allemagne.*

Art. 10.

Les individus originaires des territoires cédés, ayant opté pour la nationalité allemande, qui ont obtenu du gouvernement français, avant le 2 mars 1871, la concession d'un brevet d'invention ou d'un certificat d'addition, continueront à jouir de leur brevet dans toute l'étendue du territoire français en se conformant aux lois et règlements qui régissent la matière. Réciproquement, tout concessionnaire d'un brevet d'invention ou d'un certificat d'addition, accordé par le gouvernement français avant la même date, continuera, jusqu'à l'expiration de la durée de la concession, à jouir pleinement des droits qu'il lui donne dans toute l'étendue des territoires cédés.

PROTOCOLE DE CLÔTURE

Des doutes s'étant élevés en Allemagne sur la portée des paragraphes 2 et 3 de l'art. 32 de la loi du 5 juillet 1844, les plénipotentiaires français ont déclaré qu'il est expressément entendu : 1° que les brevetés mentionnés dans l'art. 10 de la convention additionnelle de ce jour, et qui ont commencé à exploiter leur invention en Alsace-Lorraine, dans les délais légaux, seront considérés comme ayant mis en œuvre leur découverte sur le territoire français; et 2° que les mêmes brevetés ne sont passibles, en France, pour les brevets qui leur sont garantis, ni de la défense d'importation, ni de la déchéance édictées par les paragraphes 2 et 3 de l'art. 32 de la loi précitée. Ils ont annoncé, en outre, que les titulaires des brevets français, résidant en Alsace-Lorraine, seront libres de choisir les caisses publiques des villes frontières dans lesquelles il leur conviendrait de verser le montant des annuités dues au Trésor.

NOTE PARUE AU JOURNAL OFFICIEL DU 12 DÉCEMBRE 1882

rappelant les inventeurs à l'observation des dispositions de l'article 6, § 5, *de la loi du* 5 *juillet* 1844, *relatives aux dessins à produire à l'appui des demandes de brevets d'invention.*

L'article 6 de la loi du 5 juillet 1844, sur les brevets d'invention, décide, à son paragraphe 5, que les dessins *produits à l'appui des demandes de brevets seront* tracés à l'encre *et d'après une échelle métrique.*

Au lieu de dessins tracés à l'encre, *des inventeurs annexent à leur demande des photographies ou des dessins effectués suivant des procédés particuliers dérivés de la photographie. Ces photographies ou ces dessins peuvent s'altérer et devenir indistincts, et comme l'art. 12 de la loi de 1844 porte que sera rejetée toute demande dans laquelle les formalités prescrites par l'artible 6 n'auraient pas été observées, le ministre du commerce doit prononcer le rejet des demandes de brevets accompagnées de photographies ou de dessins semblables; il n'y a pas là, en effet,* des dessins tracés à l'encre.

L'irrégularité ci-dessus signalée étant assez fréquente depuis quelque temps, le ministre a cru devoir rappeler aux intéressés les dispositions légales qui régissent les demandes de brevets d'invention.

UNION INTERNATIONALE POUR LA PROTECTION
DE LA PROPRIÉTÉ INDUSTRIELLE

DÉCRET

promulguant la convention signée le 20 *mars* 1883, *entre la France, la Belgique, le Brésil, l'Espagne, le Guatemala, l'Italie, les Pays-Bas, le Portugal, le Salvador, la Serbie et la Suisse, et à laquelle ont accédé le Royaume-Uni de la Grande-Bretagne et l'Irlande, la Tunisie et l'Équateur.*

Le président de la République française,

Sur la proposition du président du conseil, Ministre des affaires étrangères,

DÉCRÈTE :

ARTICLE PREMIER.

Le Sénat et la Chambre des députés ayant approuvé la convention pour la protection de la propriété industrielle signée, le 20 mars 1883, entre la France, la Belgique, le Brésil, l'Espagne, le Guatemala, l'Italie, les Pays-Bas, le Portugal, le Salvador, la Serbie et la Suisse, et suivie d'un protocole de clôture; les ratifications de cet acte ayant été échangées à Paris, le 6 juin 1884; — le Royaume-Uni de la Grande-Bretagne et l'Irlande, la Tunisie et l'Équateur y ayant accédé et les actes d'accession ayant été également déposés le 6 juin 1884; — ladite convention et ledit protocole de clôture, dont la teneur suit, recevront leur pleine et entière exécution.

CONVENTION POUR LA PROTECTION DE LA PROPRIÉTÉ INDUSTRIELLE ET COMMERCIALE (1)

Sa Majesté le roi des Belges, Sa Majesté l'empereur du Brésil, Sa Majesté le roi d'Espagne, le président de la République française, le président de la république de Guatemala, Sa Majesté le roi

---

(1) La Grande-Bretagne, l'Equateur et la régence de Tunis ont adhéré depuis à cette convention qui constitue une union internationale restant ouverte aux autres états, en vertu de l'art. 16 de ladite convention. (*Voir le décret de promulgation qui précède*).

d'Italie, Sa Majesté le roi des Pays-Bas, Sa Majesté le roi de Portugal et des Algarves, le président de la république du Salvador, Sa Majesté le roi de Serbie et le Conseil fédéral de la Confédération suisse,

Également animés du désir d'assurer, d'un commun accord, une complète et efficace protection à l'industrie et au commerce des nationaux de leurs états respectifs et de contribuer à la garantie des droits des inventeurs et de la loyauté des transactions commerciales, ont résolu de conclure une convention à cet effet et ont nommé pour leurs plénipotentiaires, savoir :

Sa Majesté le roi des Belges, M. le baron Beyens, grand officier de son ordre royal de Léopold, grand officier de la Légion d'honneur, etc., son envoyé extraordinaire et ministre plénipotentiaire à Paris;

Sa Majesté l'empereur du Brésil, M. Jules Constant, comte de Villeneuve, membre du conseil de Sa Majesté, son envoyé extraordinaire et ministre plénipotentiaire près Sa Majesté le roi des Belges, commandeur de l'ordre du Christ, officier de son Ordre et de la Rose, chevalier de la Légion d'honneur, etc.;

Sa Majesté le roi d'Espagne, S. Exc. M. le duc de Fernan-Nunez, de Montellano et del Arco, comte de Cervellon, marquis de Almonacir, grand d'Espagne de 1re classe, chevalier de l'ordre insigne de la Toison d'or, grand-croix de l'ordre de Charles III, chevalier de Calatrava, grand-croix de la Légion d'honneur, etc., sénateur du royaume, son ambassadeur extraordinaire et plénipotentiaire à Paris;

Le président de la République française, M. Paul Challemel-Lacour, sénateur, ministre des affaires étrangères;

M. Hérisson, député, ministre du commerce;

M. Charles Jagerschmidt, ministre plénipotentiaire de 1re classe, officier de l'ordre national de la Légion d'honneur, etc.;

Le président de la république de Guatémala, M. Crisanto Medina, officier de la Légion d'honneur, etc., son envoyé extraordinaire et ministre plénipotentiaire à Paris;

Sa Majesté le roi d'Italie, M. Constantin Ressman, commandeur de ses ordres des Saints Maurice et Lazare et de la couronne d'Italie, commandeur de la Légion d'honneur, etc., conseiller de l'ambassade d'Italie à Paris;

Sa Majesté le roi des Pays-Bas, M. le baron de Zuylen de Nyevelt, commandeur de son ordre du Lion néerlandais, grand-croix de son ordre grand-ducal de la Couronne de chêne et du Lion d'or de Nassau, grand officier de la Légion d'honneur, etc., son envoyé extraordinaire et ministre plénipotentiaire à Paris;

Sa Majesté le roi de Portugal et des Algarves, M. José da Silva Mendes Leal, conseiller d'État, pair du royaume, ministre et secrétaire d'État honoraire, grand-croix de l'ordre de Saint-Jacques, chevalier de l'ordre de la Tour et de l'Épée de Portugal, grand officier de la Légion d'honneur, etc., son envoyé extraordinaire et ministre plénipotentiaire à Paris,

M. Fernand d'Azevedo, officier de la Légion

d'honneur, etc., premier secrétaire de la légation de Portugal à Paris;

Le président de la république du Salvador, M. Torrès-Caïcedo, membre correspondant de l'Institut de France, grand officier de la Légion d'honneur, etc., son envoyé extraordinaire et ministre plénipotentiaire à Paris;

Sa Majesté le roi de Serbie, M. Sima M. Marinovitch, chargé d'affaires par intérim de Serbie, chevalier de l'ordre royal de Takovo, etc.;

Et le conseil fédéral de la Confédération suisse, M. Charles-Édouard Lardy, son employé extraordinaire et ministre plénipotentiaire à Paris;

M. J. Weibel, ingénieur à Genève, président de la section suisse de la commission permanente pour la protection de la propriété industrielle;

Lesquels, après s'être communiqué leurs pleins pouvoirs respectifs, trouvés en bonne et due forme sont convenus des articles suivants :

Article premier.

Les gouvernements de la Belgique, du Brésil, de l'Espagne, de la France, du Guatemala, de l'Italie, des Pays-Bas, du Portugal, du Salvador, de la Serbie et de la Suisse sont constitués à l'état d'union pour la protection de la propriété industrielle (1).

---

(1) *Voir pour la définition des mots « propriété industrielle » le* § 1er *du protocole de clôture faisant suite à la convention internationale.*

ART. 2.

Les sujets ou citoyens de chacun des états contractants jouiront, dans tous les autres états de l'union, en ce qui concerne les brevets d'invention, les dessins ou modèles industriels, les marques de fabrique ou de commerce et le nom commercial, des avantages que les lois respectives accordent actuellement ou accorderont par la suite aux nationaux. En conséquence, ils auront la même protection que ceux-ci et le même recours légal contre toute atteinte portée à leurs droits, sous réserve de l'accomplissement des formalités et des conditions imposées aux nationaux par la législation intérieure de chaque état (1).

ART. 3.

Sont assimilés aux sujets ou citoyens des états contractants les sujets ou citoyens des états ne faisant pas partie de l'union qui sont domiciliés ou ont des établissements industriels ou commerciaux sur le territoire de l'un des états de l'union.

ART. 4.

Celui qui aura régulièrement fait le dépôt d'une demande de brevet d'invention, d'un dessin ou

---

(1) *Voir au § 2 du protocole de clôture faisant suite à la convention internationale (page 132) les différentes espèces de brevets compris sous la dénomination de « brevets d'invention. » Voir aussi le § 3 dudit protocole en ce qui concerne la procédure suivie devant les tribunaux et la compétence de ces tribunaux.*

modèle industriel, d'une marque de fabrique ou de commerce dans l'un des états contractants, jouira, pour effectuer le dépôt dans les autres états, et sous réserve des droits des tiers, d'un droit de priorité pendant les délais déterminés ci-après.

En conséquence, le dépôt ultérieurement opéré dans l'un des autres états de l'union avant l'expiration de ces délais ne pourra être invalidé par des faits accomplis dans l'intervalle, soit, notamment, par un autre dépôt, par la publication de l'invention ou son exploitation par un tiers, par la mise en vente d'exemplaires du dessin ou du modèle, par l'emploi de la marque.

Les délais de priorité mentionnés ci-dessus seront de six mois pour les brevets d'invention, et de trois mois pour les dessins ou modèles industriels ainsi que pour les marques de fabrique ou de commerce. Ils seront augmentés d'un mois pour les pays d'outre-mer.

Art. 5.

L'introduction par le breveté, dans le pays où le brevet a été délivré, d'objets fabriqués dans l'un ou l'autre des états de l'union, n'entraînera pas la déchéance.

Toutefois le breveté restera soumis à l'obligation d'exploiter son brevet conformément aux lois du pays où il introduit les objets brevetés (1).

(1) « Les titulaires de brevets français qui veulent introduire en France des objets semblables à ceux qui sont garantis par leurs brevets et fabriqués sur le territoire de l'un des états concordataires, n'ont plus, en

ART. 6.

Toute marque de fabrique ou de commerce régulièrement déposée dans le pays d'origine sera admise au dépôt et protégée telle quelle dans tous les autres pays de l'union (2).

Sera considéré comme pays d'origine le pays où le déposant a son principal établissement.

Si ce principal établissement n'est point situé dans un pays de l'union, sera considéré comme pays d'origine celui auquel appartient le déposant.

Le dépôt pourra être refusé si l'objet pour lequel il est demandé est considéré comme contraire à la morale ou à l'ordre public (3).

---

conséquence, de demande à adresser dans ce but au département du commerce, et ils peuvent introduire ces objets librement. Mais ils restent, comme par le passé, soumis aux dispositions de l'art. 32 de la loi du 5 juillet 1844, en ce qui concerne les objets fabriqués hors du territoire d'un des pays de l'union. » (*Circulaire ministérielle du* 26 *août* 1884, *voir ci-après*.)

(2) « Cette disposition a une sérieuse importance. La législation de divers pays n'admet pas comme marque de fabrique certains signes, certains emblèmes. — En ce qui concerne les états de l'union, les marques de fabrique ou de commerce françaises seront admises au dépôt *telles qu'elles auront été déposées en France.* » (*Circulaire ministérielle du* 26 *août* 1884. — *Voir ci-après* (*page* 137). Voir aussi le § 4 du protocole de clôture faisant suite à la convention internationale (*page* 132) qui explique le sens dans lequel on doit entendre le § 1er ci-dessus de l'art. 6.

(3) Voir aussi la fin du § 4 du protocole de clôture relatif à l'usage des armoiries publiques et des décorations.

Art. 7.

La nature du produit sur lequel la marque de fabrique ou de commerce doit être apposée ne peut, dans aucun cas, faire obstacle au dépôt de la marque.

Art. 8.

Le nom commercial sera protégé dans tous les pays de l'union sans obligation de dépôt, qu'il fasse ou non partie d'une marque de fabrique ou de commerce.

Art. 9.

Tout produit portant illicitement une marque de fabrique ou de commerce, ou un nom commercial, pourra être saisi à l'importation dans ceux des états de l'union dans lesquels cette marque ou ce nom commercial ont droit à la protection légale.

La saisie aura lieu à la requête soit du ministère public, soit de la partie intéressée, conformément à la législation intérieure de chaque état.

Art. 10.

Les dispositions de l'article précédent seront applicables à tout produit portant faussement, comme indication de provenance, le nom d'une localité déterminée, lorsque cette indication sera jointe à un nom commercial fictif ou emprunté dans une intention frauduleuse.

Est réputé partie intéressée tout fabricant ou commerçant engagé dans la fabrication ou le commerce de ce produit, et établi dans la localité faussement indiquée comme provenance.

ART. 11.

Les hautes parties contractantes s'engagent à accorder une protection temporaire aux inventions brevetables, aux dessins ou modèles industriels, ainsi qu'aux marques de fabrique ou de commerce, pour les produits qui figureront aux expositions internationales officielles ou officiellement reconnues (1).

---

(1) La loi française du 23 mai 1868 accorde une garantie provisoire à tout auteur français ou étranger, soit d'une invention brevetable, soit d'un dessin industriel admis à une exposition publique autorisée par l'administration. « *Le principe qui domine la convention du* « 20 *mars* 1883 *est le respect des législations particu-* « *lières des états contractants. En ce qui concerne les* « *marques de fabrique ou de commerce, le gouverne-* « *ment ne manquera pas, lorsque le moment sera venu,* « *de prendre les mesures nécessaires pour leur assurer* « *une protection efficace, ainsi que cela a déjà eu lieu* « *lors de l'exposition internationale d'électricité tenue* « *à Paris en* 1881 » (Loi du 5 juillet 1881). (*Circulaire ministérielle du* 26 *août* 1884. — *V. page* 137.)

Ces dispositions de l'art. 11 loin d'abroger la loi de 1868 sur les certificats de garantie la confirment au contraire et ont pour but d'inviter les états de la convention à protéger chacun par une loi les inventions, dessins industriels ou marques de fabrique pour les produits qui figureront à leurs expositions internationales officielles ou officiellement reconnues. — Aussi la Belgique vient-elle d'adopter la même législation que la France pour la garantie provisoire des inventions, et des

Art. 12.

Chacune des hautes parties contractantes s'engage à établir un service spécial de la propriété industrielle et un dépôt central, pour la communication au public des brevets d'invention, des dessins ou modèles industriels et des marques de fabrique ou de commerce (1).

Art. 13.

Un office international sera organisé sous le titre de *Bureau international de l'Union pour la protection de la propriete industrielle.*

Ce bureau, dont les frais seront supportés par les administrations de tous les états contractants, sera placé sous la haute autorité de l'administration supérieure de la Confédération suisse, et fonctionnera sous sa surveillance. Les attributions en seront déterminées d'un commun accord entre les états de l'union (2).

Art. 14.

La présente convention sera soumise à des revisions périodiques en vue d'y introduire les amélio-

---

dessins de fabrique qui figureront à ses expositions internationales officielles ou officiellement reconnues.

(1) *Voir le* § 5 *du protocole de clôture faisant suite à la convention (page* 133), *relatif à la publication dans chaque état, d'une feuille officielle périodique.*

(2) *Ce bureau, qui a été créé à Berne, publie depuis le* 1er *janvier* 1885, *sous le titre de « la Propriété industrielle, d'une feuille périodique mensuelle en langue*

rations de nature à perfectionner le système de l'union.

A cet effet des conférences auront lieu successivement, dans l'un des états contractants, entre les délégués desdits états.

La prochaine réunion aura lieu en 1885, à Rome (3).

ART. 15.

Il est entendu que les hautes parties contractantes se réservent respectivement le droit de prendre séparément, entre elles, des arrangements particuliers pour la protection de la propriété industrielle, en tant que ces arrangements ne contreviendraient point aux dispositions de la présente convention.

ART. 16.

Les états qui n'ont point pris part à la présente

---

française, contenant des renseignements de tout genre relatifs à la protection des brevets d'invention, des dessins ou modèles industriels, des marques de fabrique ou de commerce et des noms commerciaux.

(*Voir pour les matières traitées dans ce bulletin et pour le prix d'abonnement l'avis reproduit tout à la fin de l'ouvrage* (*page* 143) *et qui a paru dans le bulletin officiel de la propriété industrielle et commerciale. Voir aussi le* § 6 *du protocole de clôture faisant suite à la convention* (*page* 133), *relatif aux frais communs, à l'administration et aux attributions du bureau international institué par l'art.* 13, § 1 *de la convention.*

(3) *Par suite d'une entente entre le gouvernement italien et celui de la Suisse la date de la réunion de la conférence qui devait se tenir à Rome en* 1885 *se trouve reportée au mois d'avril de l'année* 1886. (*Voir page* 142 *la circulaire relative aux modifications à apporter à la convention internationale.*

convention seront admis à y adhérer sur leur demande (4).

Cette adhésion sera notifiée par la voie diplomatique au gouvernement de la Confédération suisse et par celui-ci à tous les autres.

Elle emportera, de plein droit, accession à toutes les clauses et admission à tous les avantages stipulés par la présente convention.

Art. 17.

L'exécution des engagements réciproques contenus dans la présente convention est subordonnée, en tant que de besoin, à l'accomplissement des formalités et règles établies par les lois constitutionnelles de celles des hautes parties contractantes qui sont tenues d'en provoquer l'application, ce qu'elles s'obligent à faire dans le plus bref délai possible.

Art. 18.

La présente convention sera mise à exécution dans le délai d'un mois à partir de l'échange des ratifications et demeurera en vigueur pendant un temps indéterminé, jusqu'à l'expiration d'une année à partir du jour où la dénonciation en sera faite.

Cette dénonciation sera adressée au gouvernement chargé de recevoir les adhésions. Elle ne

---

(4) Le royaume-uni de la Grande-Bretagne et l'Irlande, la Tunisie et l'Équateur ont adhéré depuis à la convention (*Voir l'art. 1er du décret de promulgation qui précède le texte de la convention*).

produira son effet qu'à l'égard de l'état qui l'aura faite, la convention restant exécutoire pour les autres parties contractantes.

ART. 19.

La présente convention sera ratifiée, et les ratifications en seront échangées à Paris, dans le délai d'un an au plus tard.

En foi de quoi, les plénipotentiaires respectifs l'ont signée et y ont apposé leurs cachets.

Fait à Paris, le 20 mars 1883.

(L. S.) *Signé* : BEYENS.
(L. S.) VILLENEUVE.
(L. S.) Duc de FFRNAN-NUNEZ.
(L. S.) P. CHALLEMEL-LACOUR.
(L. S.) CH. HÉRISSON.
(L. S.) CH. JAGERSCHMIDT.
(L. S.) CRISANTO-MEDINA.
(L. S.) RESSMAN.
(L. S.) Baron DE ZUYLEN DE NYEVELT.
(L. S.) JOSE DA SILVA MENDES LEAL.
(L. S.) F. D'AZEVEDO.
(L. S.) J.-M. TORRES-CAÏCEDO.
(L. S.) SIMA M. MARINOVITCH.
(L. S.) LARDY.
(L. S.) J. WEIBEL.

PROTOCOLE DE CLÔTURE

Au moment de procéder à la signature de la convention conclue, à la date de ce jour, entre les gouvernements de la Belgique, du Brésil, de l'Espagne, de la France, du Guatémala, de l'Italie, des Pays-Bas, du Portugal, du Salvador, de la Serbie et de la Suisse, pour la protection de la propriété industrielle, les plénipotentiaires soussignés sont convenus de ce qui suit :

1. Les mots *propriété industrielle* doivent être entendus dans leur acception la plus large, en ce sens qu'ils s'appliquent non seulement aux produits de l'industrie proprement dite, mais également aux produits de l'agriculture (vins, grains, fruits, bestiaux, etc.) et aux produits minéraux livrés au commerce (eaux minérales, etc.).

2. Sous le nom de *brevets d'invention* sont comprises les diverses espèces de brevets industriels admises par les législations des états contractants, telles que brevets d'importation, brevets de perfectionnement, etc.

3. Il est enténdu que la disposition finale de l'article 2 de la convention ne porte aucune atteinte à la législation de chacun des états contractants, en ce qui concerne la procédure suivie devant les tribunaux et la compétence de ces tribunaux.

4. Le paragraphe 1er de l'article 6 doit être entendu en ce sens qu'aucune marque de fabrique ou de commerce ne pourra être exclue de la pro-

tection dans l'un des états de l'union par le fait seul qu'elle ne satisferait pas, au point de vue des signes qui la composent, aux conditions de la législation de cet état, pourvu qu'elle satisfasse, sur ce point, à la législation du pays d'origine et qu'elle ait été, dans ce dernier pays, l'objet d'un dépôt régulier. Sauf cette exception, qui ne concerne que la forme de la marque, et sous réserve des dispositions des autres articles de la convention, la législation intérieure de chacun des états recevra son application.

Pour éviter toute fausse interprétation, il est entendu que l'usage des armoiries publiques et des décorations peut être considéré comme contraire à l'ordre public, dans le sens du paragraphe final de l'article 6.

5. L'organisation du service spécial de la propriété industrielle mentionné à l'article 12 comprendra, autant que possible, la publication, dans chaque état, d'une feuille officielle périodique.

6. Les frais communs du bureau international institué par l'article 13 ne pourront, en aucun cas, dépasser, par année, une somme totale représentant une moyenne de 2,000 francs par chaque état contractant.

Pour déterminer la part contributive de chacun des états dans cette somme totale des frais, les états contractants et ceux qui adhéreraient ultérieurement à l'union seront divisés en six classes contribuant chacune dans la proportion d'un certain nombre d'unités, savoir :

1re classe................	25 unités.
2e classe................	20 —
3e classe................	15 —
4e classe................	10 —
5e classe................	5 —
6e classe................	3 —

Ces coefficients seront multipliés par le nombre des états de chaque classe, et la somme des produits ainsi obtenus fournira le nombre d'unités par lequel la dépense totale doit être divisée. Le quotient donnera le montant de l'unité de dépense.

Lés états contractants sont classés ainsi qu'il suit, en vue de la répartition des frais :

1re classe............	France, Italie.
2e classe.............	Espagne.
3e classe.............	Belgique, Brésil. Portugal, Suisse.
4e classe.............	Pays-Bas.
5e classe.............	Serbie.
6e classe.............	Guatémala, Salvador.

L'administration suisse surveillera les dépenses du bureau international, fera les avances nécessaires et établira le compte annuel, qui sera communiqué à toutes les autres administrations.

Le bureau international centralisera les renseignements de toute nature relatifs à la protection de la propriété industrielle et les réunira en une statistique générale qui sera distribuée à toutes lés administrations. Il procédera aux études d'utilité communes intéressant l'union et rédigera, à l'aide des documents qui seront mis à la disposition par les diverses administrations, une feuille périodique, en langue française, sur les questions concernant l'objet de l'union.

Les numéros de cette feuille, de même que tous les documents publiés par le bureau international, seront répartis entre les administrations des états de l'union, dans la proportion du nombre des unités contributives ci-dessus mentionnées. Les exemplaires et documents supplémentaires qui seraient réclamés soit par lesdites administrations, soit par des sociétés ou des particuliers, seront payés à part.

Le bureau international devra se tenir en tout temps à la disposition des membres de l'union, pour leur fournir, sur les questions relatives au service international de la propriété industrielle, les renseignements spéciaux dont ils pourraient avoir besoin.

L'administration du pays où doit siéger la prochaine conférence préparera, avec le concours du bureau international, les travaux de cette conférence.

Le directeur du bureau international assistera aux séances des conférences et prendra part aux discussions sans voie délibérative. Il fera, sur sa gestion, un rapport annuel qui sera communiqué à tous les membres de l'union.

La langue officielle du bureau international sera la langue française.

7. Le présent protocole de clôture, qui sera ratifié en même temps que la convention conclue à la date de ce jour, sera considéré comme faisant

partie intégrante de cette convention, et aura mêmes force, valeur et durée.

En foi de quoi, les plénipotentiaires soussignés ont dressé le présent protocole.

Signé : BEYENS.
VILLENEUVE.
DUC DE FERNAN-NUNEZ.
P. CHALLEMEL-LACOUR.
CH. HÉRISSON.
CH. JAGERSCHMIDT.
CRISANTO-MEDINA.
RESSMAN.
Baron DE ZUYLEN DE NYEVELT.
JOSE DA SILVA MENDES-LEAL.
F. D'AZEVEDO.
J.-M. TORRÈS-CAÏCEDO.
SIMA M. MARINOVITCH.
LARDY.
J. WEIBEL.

ART. 2.

Le président du conseil, ministre des affaires étrangères, est chargé de l'exécution du présent décret.

Fait à Paris, le 6 juillet 1884.

Signé : JULES GRÉVY.

Par le président de la République :
Le président du conseil,
Ministre des affaires étrangères,
Signé : JULES FERRY.

CIRCULAIRE MINISTÉRIELLE DU 26 AOUT 1884

relative aux dispositions de la convention internationale (1).

Monsieur, la convention conclue à Paris, le 20 mars 1883, pour la protection de la propriété industrielle entre les gouvernements de la Belgique, du Brésil, de l'Espagne, de la France, du Guatémala, de l'Italie, des Pays-Bas, du Portugal, du Salvador, de la Serbie et de la Suisse, et à laquelle ont adhéré ceux de la Grande-Bretagne, de l'Équateur et de Tunis, est entrée en vigueur le 7 juillet dernier. J'ai pensé qu'il convenait d'appeler l'attention des intéressés sur celles des dispositions de cet acte international, dont vous trouverez ci-joint le texte intégral, qui sont plus particulièrement relatives à leurs droits et à la garantie qu'elles leur assurent en ce qui concerne les brevets d'invention, les dessins ou modèles industriels, les marques de fabrique ou de commerce, et le nom commercial.

Le principe qui domine la convention du 20 mars 1883 est le respect des législations particulières des états contractants. L'article 2 dispose que les sujets ou citoyens de chacun de ces états auront la même protection que les nationaux et le même

---

(1) Cette circulaire a été adressée par le ministre du commerce, aux Chambres de commerce aux Chambres consultatives des arts et manufactures ainsi qu'aux chambres consultatives d'agriculture.

recours légal contre toute atteinte portée à leurs droits, sous réserve de l'accomplissement des formalités et des conditions imposées aux nationaux par la législation intérieure de chaque état.

Pour accomplir ces diverses formalités, l'article 4 accorde à celui qui aura régulièrement fait le dépôt d'une demande de brevet d'invention, d'un dessin ou modèle industriel, d'une marque de fabrique ou de commerce dans l'un des états contractants, un droit de priorité pendant un délai de six mois pour les brevets d'invention et de trois mois pour les dessins ou modèles industriels, ainsi que pour les marques de fabrique ou de commerce; ces délais sont augmentés d'un mois pour les pays d'outre-mer.

En conséquence, le dépôt ultérieurement opéré dans l'un des autres états de l'Union avant l'expiration de ces délais ne pourra être invalidé par des faits accomplis dans l'intervalle, soit notamment par un autre dépôt, par la publication de l'invention ou de son exploitation par un tiers, par la mise en vente d'exemplaires du dessin ou du modèle, par l'emploi de la marque.

L'article 5 contient une disposition sur laquelle il y a lieu d'insister en ce sens qu'elle constitue une dérogation à la loi du 5 juillet 1844 qui régit, en France, les brevets d'invention. L'art 32 de cette loi, modifiée par la loi du 20-31 mai 1856, porte, vous le savez, que sera déchu de tous ses droits : le breveté qui aura introduit en France des objets fabriqués en pays étranger, et semblables à ceux qui sont garantis par son brevet. Néanmoins le ministre du commerce peut autoriser l'introduction : 1° des modèles de machines; 2° d'objets fabriqués à l'étranger destinés à des expositions publiques ou à des essais faits avec l'assentiment du gouvernement.

Or, l'article 5 de la convention stipule que l'introduction par le breveté, dans le pays où le brevet a été délivré, d'objets fabriqués dans l'un ou l'autre des états de l'Union, n'entraînera pas la déchéance, avec la réserve, toutefois, que le breveté restera soumis à l'obligation d'exploiter son brevet conformément aux lois du pays où il introduit les objets brevetés.

Les titulaires de brevets français qui veulent introduire en France des objets semblables à ceux qui sont garantis par leurs brevets et fabriqués sur le territoire de l'un des états concordataires, n'ont plus, en conséquence, de demande à adresser dans ce but au Département du commerce, et ils peuvent introduire ces objets librement. Mais ils restent, comme par le passé, soumis aux dispositions de l'article 32 précité de la loi du 5 juillet 1844, en ce qui concerne les objets fabriqués hors du territoire d'un des pays de l'Union.

L'article 6 porte que toute marque de fabrique ou de commerce régulièrement déposée dans le pays d'origine sera admise au dépôt et protégée telle quelle dans tous les autres pays de l'Union. Cette disposition a une sérieuse importance. La législation de divers pays n'admet pas comme marque de fabrique certains signes, certains emblèmes. En ce qui concerne les états de l'Union, les marques de fabrique ou de commerce françaises seront admise au dépôt telles qu'elles auront été déposées en France.

Les articles 7 et 8 ne donnent lieu à aucune observation.

Les articles 9 et 10 sont relatifs à la saisie, à l'importation, de tout produit portant : 1° illicitement une marque de fabrique ou de commerce, ou un nom commercial; 2° faussement comme indication de provenance le nom d'une localité déterminée, lorsque cette indication sera jointe à un nom commercial fictif, ou emprunté dans une intention frauduleuse. La saisie a lieu à la requête soit du ministère public, soit de la partie intéressée, conformément à la législation intérieure de chaque état, c'est-à-dire, en France, conformément aux dispositions de la loi du 23 juin 1857 sur les marques de fabriques, et de celle des 28 juillet-4 août 1824 sur les altérations ou suppositions de noms dans les produits fabriqués. De plus, dans le second cas, est réputée partie intéressée tout fabricant ou commerçant engagé dans la fabrication ou le commerce du produit, et établi dans la localité faussement indiquée comme provenance.

L'article 11 porte que les hautes parties contractantes s'engagent à accorder une protection provisoire aux inventions brevetables, aux dessins ou modèles industriels, ainsi qu'aux marques de fabrique ou de commerce, pour les produits qui figureront aux expositions internationales officielles ou officiellement reconnues. Je rappellerai à cet égard que la loi du 23 mai 1868 accorde une garantie provisoire à tout auteur français ou étranger, soit d'une invention brevetable, soit d'un dessin industriel admis à une exposition publique autorisée par l'administration.

En ce qui concerne les marques de fabrique ou de commerce, le gouvernement ne manquera pas, lorsque le moment sera venu, de prendre les mesures nécessaires pour leur assurer une protection efficace, ainsi que cela a déjà eu lieu lors de l'exposition internationale d'électricité tenue à Paris en 1881. (Loi du 5 juillet 1881.)

Il convient enfin de remarquer que c'est aux tribunaux qu'il appartient de connaître des contestations auxquelles pourrait donner lieu la convention du 20 mars 1883 en ce qui concerne la propriété ou la validité des brevets d'invention, des dessins ou modèles industriels et des marques de fabrique ou de commerce. Dans ces conditions, le rôle du Département du commerce doit se borner à donner la plus grande publicité possible aux dispositions de ladite convention; je vous prie, en conséquence, de porter la présente circulaire à la connaissance des industriels et des négociants du ressort de votre Chambre.

Recevez, Monsieur, l'assurance de ma considération très distinguée.

Le ministre du commerce,

Signé : CH. HÉRISSON.

CIRCULAIRE MINISTÉRIELLE (1) DU MOIS DE JUILLET 1885

relative aux modifications à apporter à la convention conclue à Paris, le 20 mars 1883, entre divers états, pour la protection de la propriété industrielle.

Monsieur, un de mes honorables prédécesseurs vous a transmis, avec une circulaire du 26 août 1884, le texte d'une convention conclue à Paris, le 20 mars 1883, entre divers états, pour la protection de la propriété industrielle.

Certaines dispositions de cette convention ayant donné lieu à des réclamations, j'ai pensé qu'il serait utile d'inviter les Chambres de commerce à étudier cet acte international et à faire connaître les modifications dont il leur paraîtrait susceptible.

La réunion prévue par l'art. 14 de la convention pour la revision de ses articles, et qui devait avoir lieu à Rome, en 1885, a été, sur la demande du gouvernement d'Italie, et d'accord avec le bureau international de Berne, ajournée au mois d'avril 1886. — Il importe que d'ici-là le gouvernement de la République ait pu recueillir et examiner les avis des représentants du commerce français. Je vous serai donc obligé de me transmettre le plus tôt possible les observations que votre chambre

(1) Cette circulaire a été adressée aux Chambres de commerce.

pourrait avoir à présenter au sujet de la convention du 20 mars 1883.

Recevez, Monsieur, l'assurance de ma considération très distinguée.

Le ministre du commerce,

Signé : Pierre LEGRAND.

AVIS (1)

Le bureau international de l'Union pour la « protection de la propriété industrielle, à Berne, « créé par la convention intervenue le 20 mars « 1883, entre la Belgique, le Brésil, l'Équateur, « l'Espagne, la France, la Grande-Bretagne, le « Guatémala, l'Italie, les Pays-Bas, le Portugal, « le Salvador, la Serbie, la Suisse et la Tunisie, « publiera, à partir du 1er janvier 1885, sous le « titre de *la Propriété industrielle*, une feuille pé- « riodique mensuelle, en langue française, destinée « à centraliser des renseignements de tout genre, « concernant la protection des brevets d'invention, « des dessins ou modèles industriels, des marques « de fabrique ou de commerce et des noms com- « merciaux.

« Voici quelles seront les matières traitées :

« Articles discutant ou exposant des questions « d'intérêt général pour l'Union. Publication de la

---

(1) (Extrait du *Bulletin officiel de la Propriété industrielle et commerciale*, n° 43, p. 414).

« convention et tout ce qui concerne son exécution,
« des lois et règlements, ainsi que des conventions
« internationales se rapportant aux objets pour
« lesquels l'Union est constituée. Nouvelles offi-
« cielles relatives à la protection de la propriété
« industrielle. Données statistiques de diverses
« natures. Bibliographie. Jurisprudence des tribu-
« naux. Faits divers.

« On peut s'abonner à ce journal, au prix de cinq
« francs par an (le port en sus) chez MM. Gent et
« Reinert, imprimeurs à Berne (Suisse). »

TABLE ALPHABÉTIQUE ET ANALYTIQUE

DES

NOTES EXPLICATIVES

NOTA. — Les lettres V et N veulent dire *voir note.*
On renvoie aux articles de la loi auxquels les notes se rapportent.

A

B

cession de brevets. — Cession d'un brevet ayant déjà fait l'objet d'une précédente cession enregistrée à la préfecture. Dispense de la production nouvelle des récépissés d'annuités. Ce que doit contenir le procès-verbal de dépôt des actes de cession de brevets. — Copie des procès-verbaux d'enregistrement des cessions de brevéts et mention de cet enregistrement sur les actes déposés en double exemplaire. — On ne peut renoncer à une partie de la durée d'un brevet cédé, pour avoir une somme moins forte à payer. — Justification nécessaire du paiement complémentaire de toutes les annuités restant à courir du brevet cédé. — Cession d'un brevet avant la délivrance des titres. — Cession à l'étranger d'un brevet pris en France et formalités à remplir subséquemment en France. — Dépôt des actes de cession de brevet ayant le caractère déclaratif et non translatif de propriété. — Formalités à remplir. — Cession par un des titulaires du brevet à son cotitulaire. — Cession ou apport d'un brevet dans une société. — Cession d'un brevet par une société propriétaire de ce brevet à un particulier ne faisant pas partie de cette société. — Dissolution de société propriétaire d'un brevet et cession du brevet à un des membres de cette société. — Opposition à la cession d'un brevet. V. N., art. 20, pages 37-42. — Liste des brevets cédés. V. N., art. 21.

CESSION DES DROITS D'EXPLOITATION D'UN BREVET. — V. *Licence*.

CESSIONNAIRES RÉGULIERS DU BREVET. — V. N., art. 16, § 1 et art. 20, V. aussi *Certificat d'addition*. — Cessionnaires volontaires (*Acte translatif de propriété*), cessionnaires forcés (*Acte déclaratif de propriété*). V., N., art. 16, § 1 et art. 20. V. aussi *Certificat d'addition*.

CIRCULAIRES MINISTÉRIELLES. — V. aux différents articles de la loi de 1844 les extraits de ces circulaires qui s'y rapportent. V. aussi à la table générale (*Documents officiels sur les brevets*), page 186.

CLASSIFICATION des brevets au Catalogue des descriptions et des dessins. V. N., art. 24.

COLONIES (*Application dans les*) de la loi sur les brevets d'invention. V. N., art. 51, page 92 et l'arrêté du 21 octobre 1848 (aux documents officiels sur les brevets d'invention), page 104.

D

E

1871, date du traité de paix entre l'Allemagne et la France. V. N., art. 29, page 58. — Délai de priorité réservé au breveté de l'un des états contractants de l'Union internationale de la propriété industrielle, pour prendre le même brevet dans les autres états de cette union. V. N., art. 29 et la Convention internationale, art. 4, page 123. — Cession à l'étranger d'un brevet pris en France. — Formalités. V. *Cession*. — Égalité des droits conférés par la loi aux étrangers et aux Français. V. N., art. 27.

EXAMEN PRÉALABLE. — Principe de « *non examen préalable* ». V. N., art. 11.

EXPÉDITION des brevets. V. N., art. 10 et 11. — De la copie du procès-verbal de dépôt de la demande de brevet. — Forme de ce procès-verbal. V. N., art. 7, § 2. — De la copie du procès-verbal de cession de brevet. — Forme de ce procès-verbal. V. *Cession*. Des descriptions et des dessins de brevets. V. N., art. 11, § 3, 4, 5 et 6. — Des descriptions de certificats d'addition. V. N., art. 23, § 2.

EXPIRATION DU BREVET. — Expiration du brévet français avec le brevet précédemment pris à l'étranger pour le même objet. V. N. art. 29. — Consultation des brevets expirés. — Demandes des copies de ces brevets. V. N., art. 26.

EXPLOITATION. — Demande de délai d'exploitation. V. *Délai*. — Licence et droit d'exploitation du brevet. V. *Licence*. — Défaut d'exploitation. V. *Déchéance*.

EXPOSANTS. — Formalités à remplir pour le dépôt des demandes de certificat de garantie aux expositions publiques autorisées par l'administration des inventions susceptibles d'être brevetées et des dessins industriels. V. *Certificats de garantie*.

EXPOSITIONS PUBLIQUES autorisées par l'administration. — Expositions auxquelles la loi du 23 mai 1868 sur les certificats de garantie est applicable. V. *Certificats de garantie*.

F

FABRIQUE. — V. *Marques de fabrique et de commerce* et *dessins de fabrique*.

FAILLI. — Peut-il demander un brevet? V. *Incapables*.

FEMME MARIÉE. — La femme mariée peut-elle demander

G

GAGE. V. *Nantissement.*

GARANTIE. V. art. 11 relatif à la « non garantie des inventions » et l'art. 33.— Garantie différente offerte par le dépôt au secrétariat général de la préfecture, par le dépôt au tribunal de commerce et par le dépôt au greffe du conseil des prud'hommes, V. N., art. 1. — Garantie des inventions susceptibles d'être brevetées et des dessins de fabrique admis aux expositions publiques autorisées par l'administration. V. *Certificats de garantie.*

GRATTAGES sur la description ou sur les dessins. — Mots interlignés. V. N., art. 6, § 4 et 5.

H

HEURE. — Mention de l'heure des dépôts de brevets d'invention sur le procès-verbal de dépôt des pièces. V. N., art. 7, § 2. — Les dépôts de brevets d'invention sont reçus au secrétariat général de la préfecture jusqu'à 4 heures et les versements de taxes d'annuités à la recette centrale, 16, place Vendôme, jusqu'à 3 heures. V., art. 5, § 1, note 1, page 12 et le chap. spécial relatif au paiement des annuités, page 95.

I

IMPORTATION (Brevet d'). Le titulaire du brevet étranger peut seul se faire breveter en France, V. N., art. 29, page 58. — Déclaration nécessaire lors du dépôt du brevet français, de la date précise de la patente anglaise ou du brevet allemand précédemment pris pour le même objet. — Délai de priorité réservé à tout breveté de l'un des états de l'union internationale pour prendre le même brevet dans l'un ou l'autre de ces états. — V. N., art. 6, § 2 et art 29, ainsi que la convention internationale pour la protection de la propriété industrielle (art. 4) page 123. — Importation en France d'objets fabriqués à l'étranger et semblables à ceux garantis par le brevet français. — V. N., art. 32, § 3 et 4, ainsi que les modifications apportées à la loi de 1844 par la loi de 1856 et la nouvelle convention internationale en ce qui concerne les états de l'union. — V. *Introduction.* — Importation en France d'objets fabriqués en Alsace-Lorraine et semblables à ceux garantis par un brevet pris dans

J

JUSTIFICATION nécessaire par le déposant d'une demande de brevet, s'il est autre que brevetable, de sa qualité de mandataire par la production d'un pouvoir spécial. V. *Pouvoir*. — Du paiement des annuités. V. *Annuités et cessions*. — Justification par le déposant d'une demande de certificat, s'il est autre que le breveté principal, de sa qualité d'ayant droit au brevet auquel se rattache le certificat d'addition. V. *Certificat d'addition*. — Justification du paiement de la taxe pour obtenir la copie de brevets. V. *Copie de description*.

L

LÉGALISATION. — La légalisation n'est exigée pour aucune signature sur les pièces à produire à l'appui des demandes de brevet. V. N., art. 6, § 7.

LICENCE d'exploitation d'un brevet. — Enregistrement non obligatoire de ces actes au secrétariat général de la préfecture. — Formalités à remplir pour faire opérer leur enregistrement à la préfecture, V. N. art. 20, page 48.

LISTE des brevets délivrés. — V. *Catalogue*. — Des brevets cédés. — Consultation de cette liste. V. N., art. 21, voir aussi à *Catalogue*.

LOIS. — Inventions contraires aux lois. V. art. 30, § 4. Voir aussi la *Table générale des matières*, page 186.

M

MANDAT. — Voir *Pouvoir*.

MARQUES DE FABRIQUE ET DE COMMERCE. — Protection dans les pays de l'union internationale, des marques françaises. — Délai de priorité réservé au déposant d'une marque dans les états de l'union pour effectuer le même dépôt dans un autre de ces états. V. les art. 4 et suiv. de la convention internationale (pages 123 et suiv.). — Application, aux marques, de la loi du 23 mai 1868 sur les certificats de garantie. — Loi des 23-27 juin 1857 sur les marques de fabrique. V. page 111.

MENTION. — V. *Indication*.

MINEUR. — Peut-il prendre un brevet ? V. *Incapables*.

MODÈLES. —Voir *Échantillons*. — Modèles industriels ; loi de 1806 sur les dépôts de modèles de fabrique. Voir

N

O

P

R

S

T

U

V

FIN DE LA TABLE DES NOTES EXPLICATIVES

TABLE ALPHABÉTIQUE

DE LA

JURISPRUDENCE

EN MATIÈRE

DE NULLITÉ, DE DÉCHÉANCE ET DE CESSION DE BREVET

NOTA. — On renvoie aux articles de la loi auxquels se rapporte la Jurisprudence. Les numéros indiquent, pour chaque article, le passage à consulter de la Jurisprudence.

A

B

C

D

E

F

G

H

I

J

L

M

N

O

P

R

S

T

U

V

FIN DE LA TABLE DE LA JURISPRUDENCE

TABLE GÉNÉRALE DES MATIÈRES

TITRE PREMIER

DISPOSITIONS GÉNÉRALES

15.

TITRE III

DES FORMALITÉS RELATIVES A LA DÉLIVRANCE DES BREVETS

SECTION PREMIÈRE

DES DEMANDES DE BREVETS

SECTION III

DES CERTIFICATS D'ADDITION

SECTION IV

DE LA TRANSMISSION ET DE LA CESSION DES BREVETS

SECTION V

COMMUNICATION ET PUBDICATION DES DESCRIPTIONS ET DESSINS DE BREVETS

TITRE III

DES DROITS DES ÉTRANGERS

TITRE IV

DES NULLITÉS ET DÉCHÉANCES ET DES ACTIONS Y RELATIVES

SECTION PREMIÈRE

DES NULLITÉS ET DÉCHÉANCES

SECTION II

DES ACTIONS EN NULLITÉ ET DÉCHÉANCE

TITRE V

DE LA CONTREFAÇON, DES POURSUITES ET DES PEINES

TITRE VI

DES DISPOSITIONS PARTICULIÈRES ET TRANSITOIRES

PAIEMENT DES ANNUITÉS

DOCUMENTS OFFICIELS

(*suite*)

SUR LES BREVETS D'INVENTION ET CERTIFICATS DE GARANTIE

FIN DE LA TABLE.

Paris. — Imprimeries Réunies, rue J.-J.-Rousseau, 58. — 16164.

www.ingramcontent.com/pod-product-compliance
Ingram Content Group UK Ltd.
Pitfield, Milton Keynes, MK11 3LW, UK
UKHW020953230726
13923UKWH00007B/302

9 782019 280109